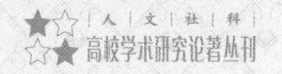

新视角下群众文化
建设与管理研究

郝 玉 著

中国书籍出版社

图书在版编目(CIP)数据

新视角下群众文化建设与管理研究 / 郝玉著. -- 北京：中国书籍出版社，2022.10
ISBN 978-7-5068-9249-0

Ⅰ.①新… Ⅱ.①郝… Ⅲ.①群众文化－文化工作－研究－中国 Ⅳ.①G249.2

中国版本图书馆 CIP 数据核字(2022)第 201288 号

新视角下群众文化建设与管理研究

郝　玉　著

丛书策划	谭　鹏　武　斌
责任编辑	李　新
责任印制	孙马飞　马　芝
封面设计	东方美迪
出版发行	中国书籍出版社
地　　址	北京市丰台区三路居路 97 号(邮编：100073)
电　　话	(010)52257143(总编室)　(010)52257140(发行部)
电子邮箱	eo@chinabp.com.cn
经　　销	全国新华书店
印　　厂	三河市德贤弘印务有限公司
开　　本	710 毫米×1000 毫米　1/16
字　　数	202 千字
印　　张	12.75
版　　次	2023 年 3 月第 1 版
印　　次	2023 年 5 月第 2 次印刷
书　　号	ISBN 978-7-5068-9249-0
定　　价	85.00 元

版权所有　翻印必究

目 录

第一章 文化与群众文化 ... 1
- 第一节 文化与群众文化的概念甄别 ... 1
- 第二节 群众文化的起源与发展 ... 4
- 第三节 群众文化的本质特征 ... 17
- 第四节 群众文化的社会功能与地位 ... 21

第二章 群众文化的类型划分 ... 27
- 第一节 城市群众文化 ... 27
- 第二节 乡村群众文化 ... 32
- 第三节 家庭群众文化 ... 38
- 第四节 校园群众文化 ... 40
- 第五节 企业群众文化 ... 46

第三章 群众文化活动的组织 ... 51
- 第一节 群众文化活动及其地位 ... 51
- 第二节 群众文化活动的形成与发展 ... 55
- 第三节 群众文化活动的原则与规律 ... 62
- 第四节 群众文化活动的具体组织形式 ... 67

第四章 群众文化活动的管理 ... 74
- 第一节 群众文化组织机构及相关职能 ... 74
- 第二节 群众文化工作者的素质及其培养 ... 79
- 第三节 群众文化工作的社会管理与方法 ... 84

第五章　群众文化活动的辅导 …………………………………… 97
第一节　群众文化活动辅导的概念与构成要素 …………… 97
第二节　群众文化活动辅导的步骤与程序 ………………… 107
第三节　群众文化活动辅导的形式与方法 ………………… 114

第六章　公共文化服务体系下的群众文化建设 ………………… 121
第一节　公共文化服务体系的内涵与构建 ………………… 121
第二节　群众文化体制改革与机制创新 …………………… 127
第三节　公共文化服务体系下的群众文化载体 …………… 132
第四节　公共文化服务体系下的群众文化工作 …………… 136

第七章　民俗学视角下的群众文化建设 ………………………… 146
第一节　群众文化民俗学的概念与范围 …………………… 146
第二节　群众文化民俗学的性质与任务 …………………… 152
第三节　不同民俗与群众文化建设 ………………………… 154
第四节　群众文化在民俗活动中的创新与发展 …………… 163

第八章　新媒体时代的群众文化建设 …………………………… 171
第一节　新媒体时代对群众文化的需求 …………………… 171
第二节　新媒体时代群众文化建设存在的问题 …………… 179
第三节　新媒体时代群众文化建设的开展 ………………… 183

参考文献 ………………………………………………………… 194

第一章 文化与群众文化

人类在社会实践中所创造与获得的所有物质财富与精神财富总称为文化。人类文化历史悠久,丰富灿烂,是社会发展的内在驱动力。在整个人类文化的发展历史中,作为古老社会历史文化的群众文化几乎始终贯穿其中,在不同时代、不同民族的社会生产生活中广泛渗透。群众文化遵循固有规律而产生,并经历了自然的历史发展过程,形成了较为完善的发展机制与模式,其在人类社会发展中发挥着举足轻重的作用。本章主要对文化与群众文化的基础知识进行阐述与分析,以初步了解文化与群众文化。

第一节 文化与群众文化的概念甄别

一、文化的概念

(一)广义的文化概念

1. 广义层面上文化的概念

广义的文化,即通常所说的"大文化",指人类在改造自然和社会的过程中所创造的物质财富和精神财富的总和。[1] 文化的内容主要包含

---

[1] 黄丽. 新时期群众文化研究[M]. 银川:宁夏人民出版社,2014.

以下两点：

（1）包括人类征服、改造、人化自然过程的实践活动。

（2）包括人类通过物质生产实践、精神生产实践而创造的一切物质财富和精神财富。

2. 广义层面上文化的本质含义

广义的文化透视着在历史长河的发展中，人类的物质、精神力量相互作用而达到的成果。其本质含义包含两点：

（1）人化：指通过人的方式来改造世界，使外部世界的事物带上了人文性质。

（2）化人：反过来，用改造外部世界的人文成果再去提高人、武装人，从而使人得到更为全面、自由的发展。

（二）狭义的文化概念

狭义的文化又称"小文化"，是指作为观念形态的，与政治、经济并列的，有关人类社会生活的思想理论、道德风尚、文学艺术、教育和科学等精神方面的内容。也就是说，狭义的文化排除了在人类社会历史发展中有关物质创造的活动及其成果部分，专指精神创造的活动及其成果。[①]

从狭义层面上文化的概念来看，文化是一个国家或民族的教育科学、思想理论、伦理道德、文学艺术等精神生活的总和。

二、群众文化的概念与含义

（一）群众文化的概念

群众文化是一种特别的文化类型，它具有自身特定的含义，而不是"群众"与"文化"的简单组合。一般可以这样界定群众文化的概念：群众

---

① 黄丽. 新时期群众文化研究[M]. 银川：宁夏人民出版社，2014.

文化是人们职业外,自我参与、自我娱乐、自我开发的社会性文化。①

(二)群众文化的含义

从群众文化的概念来看,其具有以下几方面的含义。

1. 职业外

群众文化是一种社会性文化,它的外部形态主要表现为"职业外"。社会主体利用学习和工作以外的时间从事群众文化活动。

2. 自我参与

群众文化是一种以自我为主体的、强调自我参与的社会文化。"自我"加入群体是基于独立个体意识和自愿、自由的心理,加入群体的行为反映了群众文化的主体在主观意识上的集聚意向以及与他人相互作用的心理意向。

群众文化这一社会历史现象中的"集合"是建立在每个主体自我参与以及与他人互动的基础上的,如果没有自我参与、与他人相互作用,群众文化便不可能发生。

3. 自我娱乐

群众文化的形成离不开主体自我娱乐这一基本动力,人类具有自娱的内在精神需求,为满足这一需求而与他人互动,从而使群众文化范畴的行动得以产生。

4. 自我开发

群众文化的主体参与集体性的群众文化活动,其中一个重要目的是自我开发。群众文化中寓教于乐的群体活动使主体的智能在潜移默化中得到开发,从而能够不同程度地提升主体的思想道德素养、文化知识水平和实用技能,使主体不断焕发活力,涌动不息。

---

① 周爱宝.群众文化基础知识[M].北京:高等教育出版社,2004.

总之,群众文化从内在层面上具有"自我参与""自娱"与"自我开发"的重要特质。群众文化反映了人类最基础、最广泛的社会生活,与人类文化生活的各个方面,如与教育、科技、宣传、文体等息息相关。群众文化还具有综合性,与人类哲学、社会经济领域也有密切的关联。从"大文化"的角度来看,在中国特色社会主义物质文化与精神文化建设中,群众文化发挥着举足轻重的作用。

第二节 群众文化的起源与发展

一、我国群众文化的起源与发展历程

(一)原始社会和阶级社会的群众文化

1. 原始社会的群众文化

群众文化起源于远古时期,那时候人类为了生存,获取物质财富,必须付出大量的劳动,参与斗争,在这个过程中,丰富灿烂的文化被大量创造出来。远古时期,先人在劳动和斗争之后,为了庆祝劳动成果和斗争胜利,他们成群在宽阔的场地上唱歌跳舞,最初的"群众文化"由此产生。

原始社会时期,群众文化还处于萌芽阶段,这一时期,随着象形文字的产生,人类用文化形式表达自己的劳动与斗争过程,文化渗透在先人的劳动、斗争活动中,在漫长岁月中不断流传。原始部落在成群的生产生活中逐渐创造了原始文化艺术,并通过语言、物质载体、行为等多种手段来传承文化艺术。从表达与传承的手段来看,原始群众文化与原始文化艺术具有一定的共通性,古老而悠远的原始群众文化被视作文化艺术母体,以自身丰富的文化元素而孕育了大量的文化艺术形式。

原始社会的群众文化中除了包含文化艺术外,还有大量的生存文化,它们产生于先民为获得物质材料、满足生活之需而进行的狩猎、物质

生产与交换等原始社会活动中以及基于图腾崇拜的祭祀活动中。

2. 阶级社会的群众文化

群众文化在阶级社会中形成了自在形态,这时统治阶级的意识形态作为一种特殊的思想文化在政治、经济中占统治地位,这一思想文化的阶级属性十分显著。阶级社会中既有统治者宣扬的阶级文化,反映了阶级社会生活,同时也有民众认可的平民文化,反映的是人民群众的普通生活。

阶级社会的群众文化主要包括奴隶社会的庶人文化、封建社会的平民文化、资本主义社会的市民文化和中国半殖民地半封建社会的民众文化等。这些不同的群众文化在特殊的历史背景下各自形成了不同的特征,下面简单分析这些不同群众文化的主要特征。

(1)奴隶社会的庶人文化

奴隶社会庶人文化的特征表现为:

首先,随着奴隶阶级的出现,原始文化被分解,全民性群众文化渐渐消失。部分庶人文化进入宫廷后,以他们为代表的劳动人民创造了宫廷文化的艺术形式及其技艺,一定程度上成就了宫廷文化。

其次,庶人文化脱离原始状态,慢慢走向完整,群众文化中的艺术门类初步成形,技能技巧显著提高。如庶人民谣形成了运用"赋、比、兴"等表现手法的艺术特色,影响了后世诗歌创作。

最后,庶人歌舞具有强烈的自娱性,包括娱人、娱神,与民间习俗、百姓生活关系密切,从而扩大了庶人文化的表现范围,也提高了其技巧,一些代表性文化实用价值突出,如美化庶人生活的美术文化。

(2)封建社会的平民文化

封建社会平民文化的特征表现为:

首先,相对统一的、封建专制主义中央集权国家随着生产力的发展而形成,强化了文化的凝聚力与交互性。随着物质生活水平的提高,社会生活内容日趋丰富,人们产生精神生活需求,刺激了平民文化的发展。

其次,封建社会文化艺术类型不断增加,活动形式不断丰富,活动内容越来越多元化,再加上各民族之间文化交流频繁,从而造就了包容性更强、覆盖能力更完善的平民文化。这一时期统治阶级重视文化的发展,逐渐成立了一些专门从事平民文化工作的机构,并逐渐产生了平民文化商品意识、文化市场。

最后,封建社会大量涌现的新兴城市促进了商业经济的繁荣发展,居民对文化生活的多样化需求刺激了城市平民文化的崛起。在封建社会中期,城市群众文化与农村群众文化并行且交错渗透。

(3)资本主义社会市民文化

资本主义社会市民文化的特征表现为:

首先,市民文化随着资本主义社会的时代变化而变化。资本主义创建时期的市民文化使人类从传统思想中解放出来,反映了市民打碎封建制度的愿望,体现了新的历史时期的要求。

其次,在资本主义上升与停滞阶段,市民文化一方面不断进步,新型市民文化随着现代物质技术的发展而出现;另一方面由于周期性经济危机和资产阶级思潮的影响,市民文化中的道德标准出现混乱,一些基本审美原则也遭到破坏。

最后,市民群体中劳动群众占据绝大多数,因此市民文化倾向于人民,以健康和进步的人民文化为主流。

(4)中国半殖民地半封建社会民众文化

中国半殖民地半封建社会民众文化的特征表现为:

首先,随着旧民主主义革命、新民主主义革命的发生,民众文化的社会属性随之变化。封建社会自发、分散的市民文化活动逐渐被有目标、有组织的文化活动取代,丰富的社会民众文化活动逐渐成为无产阶级革命事业的组成部分之一。

其次,五四新文化运动后,人们从丰富多样、错杂的民众文化中管窥中国政治和经济的复杂状况,革命的民众文化成为民众文化的主流,具有重要导向意义。

最后,革命民众文化的建设从扫盲、讲科学道理等综合性活动入手,这一时期的民众文化建设对提升民众文化素质非常重视,综合性的群众文化初级格局逐渐形成。

(二)社会主义群众文化发展历程

1. 形成与初步发展阶段

这一阶段主要是指革命战争时期我国群众文化的发展阶段,形成与

第一章　文化与群众文化

初步发展阶段的中国社会主义群众文化的特点表现为：

首先，党在政治工作与群众工作中将群众文化纳入计划，作为重要的工作内容之一，对群众文化建设给予高度重视。

其次，在革命宣传和民众动员中，将群众文化作为一种有效手段，使其服务于革命战争。在这一特殊的历史时期，群众文化对革命胜利起到了非常重要的作用。

2. 建立和发展阶段

这一阶段主要是指计划经济时期我国群众文化的发展阶段。中华人民共和国成立后，人民群众爆发出强烈热情，致力于社会主义建设，各地出现了大量的群众文化活动，如戏剧活动、歌咏活动、体育活动等，全国上下传颂着新生活赞美之歌。

这一阶段群众文化的发展呈现出以下几方面的特点：

首先，基本建立起群众文化体系，国家对群众文化工作给予高度重视，投入一定的资源来大力发展群众文化事业。城市文化艺术馆、乡镇文化站等文化阵地纷纷兴建，全国文化馆、文化站的数量急剧增加，初步构建了群众文化事业机构网络，也初步建立起一批群众文化工作队伍。

其次，确立了群众文化发展的基本方针，即为无产阶级政治与人民而服务。确立基本方针后，全国各地群众文化阵地纷纷组织丰富多彩的群众文化活动，文化馆组织的文化活动尤其多，组织文化活动贯彻健康向上、勤俭节约的原则，虽然活动规模不大，但内容丰富，形式多样。通过组织各种文化活动，使文化知识得以传播，群众文艺骨干的作用得到发挥，也促进了群众文化研究的深入，对促进群众文化的发展起到积极的作用。

最后，随着中国特色社会主义文化建设的不断推进，群众文化成为其中的重要组成部分之一，人民群众的日常生活中也越来越离不开丰富多彩的群众文化活动。

3. 群众文化体系建设和完善阶段

这一阶段主要是指社会主义市场经济体制建设时期群众文化的发展阶段。这一阶段我国群众文化的发展呈现出以下几方面的特点：

首先，我国积极建设与不断完善群众文化体系。群众文化事业的相关组织机构在党的十一届三中全会顺利召开以后得到恢复,而且随着经济的复苏,各地文化馆、文化站不断扩建、兴建,群众文化基础设施的数量与规模急剧增长,设施质量日益改进。与此同时,群众文化工作者队伍的素养也不断提升,专业队伍的价值得到充分发挥。

其次,新时期我国集中力量发展社会经济,群众文化活动的组织开展主要为经济建设而服务。这一时期在丰富群众文化生活、促进社会主义经济建设中,群众文化的作用不可忽视。

最后,人民群众的文化生活需求随着生活水平的不断提高而日益增长,在内在需求的刺激下各地继续开展大量的群众文化活动,活动规模不断扩大,活动质量显著提升,人民群众日益增长的文化需求一定程度上得到满足,但是依然存在供需不平衡的矛盾。

4. 群众文化快速发展阶段

这一阶段主要是指我国公共文化服务体系建设时期群众文化的发展阶段。这一阶段我国群众文化的发展呈现出以下几方面的特点:

首先,在公共文化服务体系构建中纳入群众文化机构。随着公共文化服务体系的不断完善,逐渐明确了体系运行的指导思想,确立了明确的目标与任务,设计了科学的运行原则,也出台了正确的方针政策,从而为群众文化发展中解决一些棘手问题提供了思路。此外,在社会公共文化服务体系中,文化馆的功能定位也渐渐明确下来,其发展前景也越来越清晰,国家建设良好的政策环境来支持群众文化发展,并从根本上转变与改革各地文化馆的服务模式。

其次,随着人民群众物质生活水平的提高,其对群众文化的需求量越来越多,需求层次越来越高,需求范围越来越广,需求类型也越来越多样化,因此,国家建设群众文化的根本出发点和立足点就确立为满足人民群众日益增长的文化需求,尤其是基本文化需求,使群众的基本文化权益得到充分保障。

最后,在时代进步、科技发展、国力提升的背景下,在国家的高度重视、社会的广泛参与下,群众文化迅速发展。新时代群众文化的发展越来越追求服务领域的拓展、服务内容的多元、服务方式的更新以及服务机制的先进化,不断探索丰富而具有创造性的群众文化活动。

二、群众文化发展的重要意义

作为文化建设重要组成部分的群众文化,由于其固有的特征和功能而在构建和谐社会中起着不可代替的作用。群众文化从原始社会的生产劳动之中诞生以来,就寄托着人们的美好社会理想,蕴含着和谐精神。因此,大力发展群众文化具有重要意义。

(一)有利于促进社会主义核心价值观的建设

群众文化促进了社会主义精神文明建设。社会主义核心价值观的建设不仅仅取决于社会经济的发展程度和人们的富裕水平,而且与文化建设有着密切的关联。从特定角度来说,文化建设与经济发展是同一水平线上的两个重点,只有相互结合才能共同促进社会主义建设与社会进步。

从当前国际大环境来看,国家之间的综合国力竞争侧重于文化软实力的较量,群众文化作为文化软实力的重要部分,其发展状况与态势直接影响国际文化市场的竞争。虽然与专业文化、文化产业相对比,群众文化的经济价值作用不突出,但群众文化是对一个民族或区域的人民生活素质和道德素质最直观的集中体现。所以,群众文化对社会主义核心价值观的建设具有重要的促进作用。

社会主义核心价值观是中华民族精神之"钙",一个社会、民族缺"钙",就会得"精神空虚症"。建设中国特色社会主义,需要积极培育和践行社会主义核心价值观。社会主义核心价值观是经过实践锤炼、时间淘洗、人民监督检验总结出来的适用于中国社会发展的核心体系,是精华中的精华。群众文化在建设与发展过程中对正确指导思想的需求很大,而根据核心价值观所组织、规划的活动在初期都会围绕正确的大政方针去设计,而在之后的发展壮大过程中逐渐并入主流文化思潮中,共同为国家发展与民族振兴服务。

(二)有利于为构建和谐社会提供精神支撑

我们要建设的群众文化是以社会主义制度为基础的,在这一基础上积极创造优秀的群众文化产品,为广大群众提供多种文化服务。要发扬群众文化以文载道、寓德于文、寓德于乐、寓德于情的传统,开展丰富多彩的群众文化活动,用先进的文化培育人、塑造人,丰富人们的精神内涵,提升人们的文化精神,使人们精神风貌良好,精神状态振奋,道德情操高尚。在群众文化建设中,要最终打造与社会主义市场经济相适应,与中华民族优秀传统道德相承接的优秀文化,为构建和谐社会提供精神支撑。

(三)有利于化解矛盾,凝聚人心

现代社会,各种利益关系和社会矛盾并存,人们的思想观念发生了深刻变化,思想的独立性、选择性、多变性以及差异性越来越显著,发展群众文化有助于防止思想认识上的片面性和极端化,形成相互尊重、相互关爱、团结互助、维护公平的社会风尚。

三、我国群众文化发展的现状

无论是在我国文化发展中,还是在人民群众精神文化生活中,群众文化都居于非常重要的地位。在新时代,在群众文化发展中强调与人民群众的文化需要相契合,使人民群众的精神生活需要得到充分满足,从而促进中国特色社会主义精神文明建设。当前,我国群众文化的发展取得了良好的成绩,但也存在一些不足,需要进一步发展与改进。

(一)群众文化发展取得的成绩

随着政府对群众文化的不断重视与社会各界对群众文化的广泛关注与支持,群众文化发展取得了可观的成绩,集中表现在以下几个方面。

1. 文化服务阵地纷纷建立

随着政府服务职能的不断完善,一些地方纷纷建立文化服务阵地,增加了文化活动的类型与内容,广受大众欢迎,其中最具代表性的当数广场舞活动。广场舞从最初的自发性社区活动逐渐发展成为有组织、有计划的活动,出现了诸多广场舞表演、广场舞比赛等比较正式的广场舞活动,使社区居民尤其是中老年人的文化生活得到了极大的丰富。

2. 基层文化活动设施不断改善

基层群众文化越来越受关注,配套的基础设施不断健全,基础设施条件得到了显著的改善。随着乡镇文化广场、乡镇文化服务中心、乡镇文化信息服务点、村文化活动室等基础群众文化阵地的建立,乡镇、村的文化活动设施环境日渐优化,为乡镇、村等基层群众文化娱乐活动的顺利开展提供了良好的基础条件。

3. 群众参与度提升

在社会文化活动的组织开展中,群众的参与度不断提升,这也是群众文化发展良好的一个重要体现。人民群众积极参与定期组织的社区文艺演出、参与重要节日的民间文娱活动,创建了浓郁的群众文化氛围,使各种各样的群众文化活动在更广泛的社会领域得到普及、产生了巨大的影响力,从而促进了城乡精神文明建设。

(二)我国群众文化发展的主要问题

我国群众文化发展的问题与困境主要有以下几方面。

1. 基础设施建设依然较为落后

尽管近年来各地致力于完善群众文化基础设施,不断加大基础设施建设力度,但建设速度落后于人民群众文化需要的增长速度,群众的文化需要依然得不到满足。

文化基础设施不完善是我国很多地方群众文化发展中存在的共性问题,基础设施建设落后直接影响了群众文化的普及,造成了地方群众文化的高度封闭,经济落后地区尤其是这样。一些地方因为经济发展所限,文化基础设施严重缺乏,打消了群众参与文化活动的积极性,进而造成了群众文化发展的困境。

另外,一些地区虽然经济发达,拥有传统优势文化资源,但因为没有合理利用文化资源和充分发挥资源优势,从而制约了当地群众文化的发展,同时也阻碍了地方经济发展和人民群众精神文化生活的改善。因此,改善群众文化基础设施条件是做好群众文化工作的基础。

2. 文化开放性有待提高

我国为促进群众文化的发展,给予了政策扶持,但在落实政策的群众文化工作中面临着群众文化普及性不高的困境。这与一些地方文化本身对外开放程度较低有直接的关系。公共图书馆、文化馆、科技馆等是各地的重要文化场所,如果这些场所的对外开放程度很低,如没有恰当的免费准入条件、收费高,那么将会导致很多有兴趣进入其中的人望而却步,造成地方文化封闭的后果,阻碍地方优秀文化的对外传播,也使地方上有价值的文化资源无法充分发挥自身价值。因此,未来必须从提升文化的开放程度来着手搞好群众文化建设。

3. 文化市场混杂

文化潜移默化地影响人的成长与发展,而且这种影响持久而深远。为更好地发挥文化的激励作用和教化功能,需要不断创造优秀的、能够满足人们精神需求的文化。然而,当前我国文化市场中各种文化现象鱼龙混杂,腐朽落后的文化占据一定的比例,其中不乏严重影响社会和谐、稳定的黄赌毒现象,腐朽文化的存在与传播严重制约了文化市场的健康运作和可持续发展,影响了人的精神健康,也阻碍了社会主义精神文明建设。

为控制腐朽文化的传播及其对人类健康的侵蚀,我国采取了一些严厉的控制性措施,但短期内很难从根本上解决问题,无法"斩草除根",今后还需要进一步出台与落实各项政策,继续严厉打击文化市场上的不良现象,整顿文化市场,为群众生活提供良好的社会文化环境,以优良的文化环境塑造人类的健康精神。

四、新时代我国群众文化发展的策略分析

(一)加强群众文化活动基础设施建设

我国群众文化因为基础设施建设落后而发展滞后,因此要加大对群

第一章　文化与群众文化

众文化基础设施的建设力度,从而为群众文化活动的开展提供良好的基础条件。在大力建设群众文化基础设施中,要加强对活动场地的开发,对配套设施的配置与完善,改善现有的体育器材、广场舞场地、运动场地等基础设施环境。在群众文化基础设施建设中,政府需要加大资金投入力度,从资金上扶持群众文化建设。

另外,为了使群众文化基础设施建设工作顺利开展,各地应制定经费保障机制,设立专项经费用于建设群众文化基础设施,确保专项基金充分运用于群众文化建设中,充分发挥专项基金的作用。除了政府要加大资金投入力度外,还要呼吁社会各界积极支持群众文化建设,从资金、宣传、精神等各方面支持群众文化建设,使群众文化基础设施建设获得更充足的经费支持和更多方面的支持。

(二)提升文化的开放性,进一步普及文化

开展群众文化工作,要先保证群众文化的开放性,大力普及群众文化,使大众正确认识、充分了解群众文化。在群众文化建设中,要深入了解人民群众真正的文化需求,并了解当前文化服务项目建设与实际需要的差距、矛盾,从而立足长远,从宏观上规划公共文化设施建设方案,制订详细的建设计划。

在群众文化建设中,要根据人民群众的真实文化需求而有针对性地提供文化设施与服务,在群众文化工作中深入挖掘优秀的传统文化,丰富文化品牌,使群众的需要得到满足,同时通过创建文化品牌推动社会经济发展,这样群众文化便会在更加广阔的领域发挥作用,开放程度得到提升。

在群众文化普及中,还要加强群众文化创新,并提升创新文化的开放程度。此外,为了更好地普及文化,文化馆可以制定一些恰当的免费参观政策,政府给文化馆一定的补贴,从而使人们有机会进入文化馆参观、学习、交流,促进文化开放、文化普及和文化传播。

社会上一些公益性的文化馆对外开放力度要进一步加大,不断完善文化馆的基础建设和服务,提升文化馆的接待能力和服务质量。文化馆定期举办群众文化相关活动,为群众参与活动提供免费指导,使人民群众在参与的过程中充分受益,并促进社会文化氛围的和谐、浓郁,营造良好的群众文化传播环境,通过文化普及与传播获得更好的文化效益与社

会效益,使群众文化的价值得到最大程度的发挥。

(三)整顿文化市场,阻止不良文化传播

针对当前文化市场的混乱现象,各地应积极采取相应策略,加大对文化市场的监督与管理力度,严厉肃清文化市场,整顿市场不良风气,严厉打击不良文化传播现象,还文化市场一片净土。

(四)充分满足人民群众日益增长的文化需要

随着人民群众收入水平的持续稳步增加、物质生活质量的不断提高,人们渴望精神文化需要被满足,这种精神需求越来越强烈。尤其是近几年,人们的文化需要显著增长,对精神生活越来越重视,因此需要进一步大力建设群众文化来满足人民群众日益增长的文化需要。

1. 大力发展生产力,为满足人民群众文化需要奠定基础

大力发展生产力能为人们提供充足的物质产品,也能为大众的文化需要创造丰富的文化产品。大力发展生产力是解决社会主义初级阶段主要矛盾的要求。解决社会主义初级阶段的每个重大问题都离不开生产力的发展。大力发展生产力对满足人们的文化需要具有根本作用。今后我国要大力发展生产力,增加人民的经济收入,充分满足人民群众的文化需要,将人民群众的消费重点转移到文化享受中,并不断扩大和提高文化产品与服务项目的范围、质量,改变文化产品供给不足的情况。

2. 扩大文化消费,提升基层群众的文化消费水平

目前,我国城乡居民文化消费逐年增加,占总消费支出的比重不断提升,但与国家经济发展还不够协调。当前要不断适应人民群众消费结构的新变化,尤其是求知、求美、求新的需要,提升文化消费的规模、水平,促进文化大发展、大繁荣。对此,要积极调整文化产业结构,拉动基层文化消费。从动态的角度来看,产业结构需要跟消费结构相协调、适应才能促使国民经济持续健康发展。若产业结构与消费结构的变化不适应,就会致使国民经济结构失调。

第一章 文化与群众文化

产业结构升级的最终拉动力量是消费结构优化升级,特别是基层消费结构转型升级,因此对文化产业结构进行调整,必须选择好主流产业,这在一定程度上决定着产业结构的特点。当前,二元经济仍是中国经济发展的重要特点,农村和城镇对主导性产业的选择在一定的发展阶段也应该有所不同。文化产业结构指导政策对处在发育期、成长期的文化产业要给予积极有效的扶持,同时对部分衰退的文化产业要进行有效的调整,让产业结构逐步趋向合理化。[①]

扩大文化消费,提升基层群众的文化消费水平,还需要积极开拓基层文化市场,提升基层文化消费水平,这就要求做到下列几点:

第一,开发文化市场要对消费品市场进行合理定位,研究市场细分,找到目标市场,满足人民多样化的文化需要。从城乡居民消费大环境以及收入情况的角度,认真分析城市、农村市场基层群众的消费需要,根据不同收入人群的需要整合市场资源,进行市场细分,实现商品和服务的个性化、特质化经营,逐渐改变文化消费品市场结构性短缺和结构性过剩的矛盾并存状况。

第二,政府通过宏观调控对重点文化产业特别是服务类文化产业予以支持,降低一些消费品的价格。文化单位也要主动面向基层群众,始终把社会效益摆在第一位,争取使社会效益与经济效益有机统一,降低产品和服务成本,为群众提供价格合理、形式各样的文化产品与服务。

第三,各类文化企业要了解基层消费者的需求变化趋势,并能根据这些变化及时调整生产规模、投资方向以及产品结构,以增强企业的有效供给能力。此外,建设更多满足群众文化需要的消费场所,同时积极发展各类文化,提高基层文化消费水平。

3. 规范大众文化产品市场

作为特殊的文化产品,大众文化产品在市场中的运作要运用多种手段进行规范、引导。具体而言,大众文化产品市场的规范主要应该从以下两个方面来落实。

(1)发挥政府的文化服务与管理职能

首先,在发挥文化市场资源配置作用的同时,政府要加强宏观调控,

[①] 王燕. 当前我国人民群众文化需要问题与对策研究[M]. 北京:中国商业出版社,2018.

及时制定符合实际变化的文化政策来管理大众文化市场,规定大众文化要服从、服务于主旋律文化。

其次,政府要鼓励多创造一些弘扬主流文化、红色文化的大众文化产品,给予财政和政策上的支持。

(2)加强法制建设,完善相关法律法规

不管是国家,还是地方政府,都要加强对文化市场的监督、管理,并将监管工作法治化。虽然近几年各种文化市场管理法律法规不断出台,可是在执行过程中仍然存在职能错位、重复管理的问题。只有不断健全相关文化法制体系,才能规范大众文化市场,才能有法可依,依法行政,违法必究,打击、制裁非法出版、经营等违法犯罪活动,促进大众文化市场健康、文明地发展。

4.提升人民群众的文化需要层次

群众文化贴近群众,是群众基础较为广泛的一种文化形态,对我国精神文明建设有十分重要的意义,因此应大力发展群众文化。但是群众文化不代表优秀文化,原生态文化有精华、有糟粕,要辩证对待,使人们正确辨别优秀文化和腐朽文化,促进人民群众文化需要层次的提升,将民族精神、创新精神及中国社会主义共同理想作为文化产品创作的动力。

在文化全球化背景下,在中外文化交流中要保持强烈的文化自觉与自信,借鉴外来文化的同时,提升我国群众文化的精神气质,尤其突出其民族精神、民族共同理想底蕴,凝聚共识,不断开拓创新,创造独具中国特色的产品形式,使中国文化获得永不枯竭的动力。文化自觉本质上是对文化价值的觉悟、觉醒。提升人民群众的文化需要层次,需要对文化意义、文化地位、文化作用形成深度认同,对文化建设、文化发展、文化进步有责任担当。[①]

文化自觉是对本民族文化前途命运的理性思考,我们要从国情出发,在我国社会主义共同理想的引导下加强对全体人民富有感染力的理想信念教育,使人们有深切感受,从而端正态度,树立个人理想,摆脱低级趣味和不良文化,这是提高人们思想内涵、品德修养的重

---

① 陆扬.大众文化理论 修订版[M].上海:复旦大学出版社,2008.

要途径。此外,还要从个人道德水平出发,在社会生活历练中推动个人自觉实践社会主义核心价值观,加强自我学习、锻炼,提高自身文化素养和层次。

第三节 群众文化的本质特征

一、群众性

群众文化在其主体层面具有群众性特征,这是一个内在特征。群众文化中蕴含着人民群众的一系列文化行为,这些文化行为是人们为了满足自身精神需求而形成的。这是从一般意义上认识群众文化的群众性特征。从本质上来看,群众文化的群众性特征具有以下几方面的含义。

(一)群众在群众文化中的主导性

群众文化是由广大人民群众创造的,群众发挥主观能动性和聪明才智,以集体的力量创造了群众文化,并不断继承、改革、创新,使群众文化不断发展、完善,群众也从中享受自己创造的文化成果,对群众文化具有一定的支配作用。

人民群众的精神需求使其投身于文化创造中,从而使群众文化在满足群众文化需要的道路上不断发展。

(二)群众在群众文化中的自主性

首先,人民群众创造了群众文化,并以文化的形式表现自己,或者将人类力量、品德、智慧融于群众文化中,使之成为鼓舞人们不断奋斗的催化剂。在文化的鼓舞下,人们振奋精神,自主投身社会实践,为社会发展做出贡献。

其次,对于群众文化市场上的一些落后思想、丑恶现象,人们总是主动出击,大胆揭露与抨击,以主人翁的角色肃清文化市场,还原群众文化的本真。

最后,群众文化中的所有文化产品需要由群众自主鉴别真伪,检验质量,这对文化产品的存在价值具有决定性影响。

(三)群众在群众文化中的自我性

人民群众为满足自身精神文化需要而创造了群众文化,可见群众文化是使人们精神文化需要得以满足的重要途径与手段。当前,人民群众的精神文化需要正随着社会的不断进步而不断增加,既有量的增加,也有质的提升,在群众文化体系建设中,精神文化需要不断增长的群众将越来越充分地展现"自我性"。

群众文化群众性特征的上述含义反映了群众在群众文化建设与发展中充分发挥着自身的积极主动性和自觉创造性。

二、自娱性

娱乐性是群众文化的外在特征。群众文化作为文化的一种,同样属于社会意识形态范畴,但其与其他社会意识形态有着显著的区别,娱乐性是其中一个最大的区别。

群众创造群众文化,是为了满足精神文化需要,具体包括审美需要、娱乐需要等,而这些需要是在劳动之余产生的,或者是为了缓解劳动疲劳而产生的。劳动之余产生的娱乐需要主要是自娱,就是希望通过一些文化活动使自己心情愉悦、精神愉悦。自娱心理需求驱使人们产生各种能够获得乐趣的期望,如健身、益智、观赏等,满足这些期望既能促进生理上的发展,也能满足心理与精神需要。因此,群众作为群众文化的主体,以娱乐为中心,与文化活动这一客体紧密联系。

群众文化的自娱性是这一社会文化现象从古至今经久不衰,不断焕发生命活力的一个奥秘。群众文化具有娱乐功能,只有先发挥娱乐功能,才能在此基础上发挥其他功能,如教化功能、调节功能、凝聚功能、审美功能以及经济功能等。没有娱乐性的群众文化是黯然失色、没有魅力的,所以也就无法焕发生机活力来吸引大众。

三、倾向性

倾向性是群众文化的内在特征,反映群众文化的本质方向,主要是政治思想、审美意识领域的方向。不管在什么历史阶段的社会生活中,或者在社会的什么领域中,都存在着各种各样的倾向,有的顺应社会发展方向,有的却是与社会发展方向背道而驰的,倾向的多样性在思想文化领域表现得更为集中。

每个历史时期都有特定的时代精神,也就是这个历史时期的宏观倾向,它们从客观上而言是指顺应社会历史发展趋势的某类倾向的总和。当然,还有一些反动倾向,与社会价值观严重背离,是应该严厉抨击的文化现象。反映社会生活的群众文化更多地体现的是一定历史时期的宏观倾向,也就是这个时期的时代精神。

下面主要从民族性倾向与人民性倾向两个方面来理解群众文化的倾向性特征。

(一)民族性倾向

人类社会中有诸多结构体,其中最大、最稳定的当数民族这一结构体。群众文化具有民族性倾向,一个民族的个性内容,如社会生活、风俗习惯、文化传统等在该民族的群众文化中得到不同程度的体现。

群众文化的形式和内容直接或间接地融会着民族的文化意识、宗教信仰、民俗风习,联系着民族的利益、愿望,并体现着一定的功利目的;群众文化的产品及其活动,总是表现着一定的民族关系,维系着该民族的社会心理和群体意识。这样,就形成了群众文化内质中的民族特色,透射了鲜明的民族性倾向。这种倾向能进一步统一民族的意识和心理,进一步强化民族的内在凝聚力。

各民族的群众文化都有自我传承、值得骄傲并作为民族群众文化象征的独特之处,各民族群众文化在相互交流、借鉴中不断弘扬与传播。当前,群众文化在世界文化一体化背景下,在文化迅速传播的历史条件下,更是迫切需要进一步交流。群众文化吸收其他文化的精华,得到新的发展和演变,形成更加独特鲜明的民族特色,从而进一步走向世界。

（二）人民性倾向

群众文化的人民性是指它反映社会生活所达到的与人的思想感情、愿望和利益相一致的程度，是一种进步的倾向性。

一般来说，如果群众文化可以传达时代精神，反映人民群众的生活，表现人民的思想感情、审美趣味，就具有人民性。人民性倾向鲜明的群众文化有反映人们劳动生活的歌谣、神话、传说、故事、谚语，反映大众真实生活的歌舞、曲艺、绘画等。各种形式的群众文化要表现自身的人民性，就要坚持以人为本，顺应历史的发展方向。

我国群众文化为人民服务，为社会主义服务，群众文化的人民性倾向与阶级性倾向是统一的。

四、传承性

一个历史时期的群众文化产生、发展及创造会受到上一历史时期群众文化的影响，可见在历史长河中，群众文化是不间断的、连续存在的，这是群众文化传承性的表现。

已有的群众文化历史为新时期群众文化的发展奠定了基础。群众文化的演进与发展过程就是不断传递、延续、创造以及传承的过程，这个过程是循序渐进的，经历了从简单到复杂，从低级向高级的转变。

在群众文化的产生与发展历史中，其本身的传承性具有以下几方面的重要意义：

第一，群众文化传承传统文化，根据特定时代、阶级的需要，以群众文化的审美价值为依据有选择地继承先进的、优秀的传统文化遗产，可见群众文化的传承与演进过程也是不断推陈出新的进程。

第二，群众文化的传承是不断创新的进程，人们继承已有的优秀群众文化内容、方式，注入新的时代元素，创造新的群众文化内容与形式，实现新的突破与发展。

第三，一个国家或民族的群众文化吸收与传承各国、各民族的优秀文化，形成多元的文化特色，并使世界文化越来越丰富。

第四节 群众文化的社会功能与地位

一、文化的功能

没有文化发展,人类社会就不会前进并高级化。文化是由诸多要素构成的一个复合体,这些要素相互作用,相互联系,产生文化功能,发挥文化的功能,将促进与推动人类社会的发展。

文化的主要功能表现在以下几方面。

(一)意识形态功能

文化作为上层建筑的观念形态是由经济基础决定的,因而文化的内容由特定经济关系决定,而利益关系和阶级关系为经济关系的核心。在特定社会条件下,人作为文化主体总是处在一定的意识形态中,人们进行创作、想象离不开特定的社会背景,意识形态制约与影响思维方式。文化生产也不是自由创造,客观上受到阶级利益的约束。哲学、法律、道德、政治是文化的重要组成部分,都是带有意识形态的文化生产。

意识形态是层次较高的一种特殊文化,是带有强烈社会意识、阶级意识的观念系统。在阶级利益支配下,每种文化形态批判与自身性质对立的经济、政治现实,维护相同性质的经济、政治现实。随着历史的前进,文化的意识形态功能也会消失,成为文化遗产或传统。

(二)教化功能

文化的教化功能就是通过文化手段、文化形式教育和改造人,使人适应社会发展的需要。人在不同阶段、不同环境中创造出文化,经过世世代代积累,成为具体的、历史的文化环境。人既能创造文化,又能理解、接受文化。将文化转为内在需要的教化,从自然人转变为社会人。人的个性、气质、行为以及社会性的形成与文化环境的教化功能息息相关。

(三)调节功能

人类社会生活中,不可避免地存在着人与人、人与自然、人与社会之间的矛盾,并且存在着自身情感与理智之间的矛盾,调节种种矛盾,文化发挥着重大的作用。人类社会进入阶级社会后一直存在社会、集体、个人三者之间的矛盾。在阶级对立的社会中,统治阶级既要调节自身内部的矛盾,又要调节与被统治阶级之间的矛盾,除了用法律武器调节外,文化中的道德、理想也起着很大的作用。一个阶级处于统治上升期时,总是强化社会理想的功能,鼓舞全体社会成员为共同目标努力奋斗,这时,社会理想发挥自身作用,调节各个阶级之间的冲突和矛盾。道德规范在调节个人与集体、个人与他人利益矛盾中也发挥着重要作用。另外,文化在调节人们精神状态、生活状态上也是非常关键的。

(四)凝聚功能

同一民族的成员生活在共同范围内,同程度地被本民族的文化熏陶、感染,从而产生取向相同的文化心理特点。同一民族内不同成员的思维方式、行为模式、生活方式、风俗习惯、道德观念有一定的相似性,他们对本民族文化有着天然的亲切感、认同感,这种共同的心理特征成为联系全体社会成员心灵的一个纽带,亲和力、凝聚力非常强。

在阶级社会,不同阶级之间产生各种各样的分歧,甚至相互对立,但当威胁到全民族的共同利益时,各阶级能够在一定程度上联合行动,这就是文化的凝聚功能。

文化的凝聚功能还表现在对外来文化的吸收上,一个民族吸收外来有益文化,将其纳入本民族文化系统,充实本民族文化。一个民族的文化吸收力越强,生命力就越强。

二、群众文化的社会功能

(一)宣传教化

群众文化作为一种社会实践,与人们的社会生活密切相关,它的思想倾向性符合社会的要求,因而承担着社会教化的部分责任。人们参与群众文化活动,受到其间思想倾向性的影响和社会行为准则的规范,从而能够陶冶情操、改善行为,并积极影响道德观、价值观。

群众文化的宣传教化功能具体包括以下几个方面的效能。

1. 传播

群众文化活动是信息传播、精神文明传播的媒体和载体,为建设社会主义精神文明提供了有效的宣传教化途径。群众文化活动内容十分广泛,具有通俗性和趣味性,吸引力强,让人民群众在娱乐中受到教育,在潜移默化中形成对社会主义核心价值观的认同。

2. 陶冶性情

群众文化具有"寓教于乐""自我教育"的特点,其把娱乐与精神文明建设的要求紧密结合,用蕴含爱国主义、集体主义精神的先进文化引导群众自我娱乐和娱乐他人、自我教育和教育他人,并用新颖的、大众喜闻乐见的先进文化活动形式吸引群众广泛参与,使人民群众在群众文化生活中启迪心智、陶冶情操、振奋精神、提高思想文化素质。

3. 规范行为

人们参与群众文化活动,能够在社会规则的约束下规范自己的品德行为。群众文化的规范作用是在不自觉的状态中发生,并在自觉的状态下得到强化的。人们参与群众文化活动时,不自觉、无意识地接受了其中的文化精神、道德水准、思想观念等。通过群众文化传播社会主义精神文明,能够引导人们自觉规范言行。

(二)调节精神

群众文化在调控主体的意识、思维活动和一般心理状态方面所产生的效能就是调节精神的功能,主要表现在以下三个方面。

1. 宣泄情感

人的情感需要宣泄,这是人类自我调节的文化需求。群众文化为情感的宣泄提供了表现方式和途径,即为主体提供表现自己的舞台,为主体发挥才能、沟通关系、彰显价值提供便利。

2. 娱乐休息

娱乐休息是群众最低层次的文化需求,它贯穿人类生活的全过程。人们参与群众文化活动,在娱乐中得到积极性休息,为劳动力再生产提供必要的条件。

3. 审美享受

审美享受的心理需要是体现人类本性的一种特殊需要。群众文化的审美作用能够使人们在群众文化活动中感悟自然事物或艺术品的美,激发人们认识美、追求美、欣赏美、创造美的情趣,使人们的精神获得极大的愉悦和充分的满足。

(三)团结凝聚

群众文化特有的团结凝聚功能使其在和谐社会建设中发挥着重要作用。人们参与群众文化活动,能够进行思想交流、感情沟通,从而团结一心,促进社会和谐。

群众文化的团结凝聚功能具体从以下几方面体现出来。

1. 吸引

群众文化能以自身特有的感染力激发人们的兴趣,吸引注意力,增强感染力。审美娱乐心理是人类的天性,好奇是这种天性的表现。群众文化能以新鲜有趣的活动吸引人们参与,吸引的人越多,对改善社会关系的作用就越大。当今社会出现的"酒文化节""茶文化节"等其实就是运用群众文化的吸引效能来发展经济。

2. 激发

通过群众文化活动内容和形式的刺激,促使活动主体产生某种积极的思想、意志、愿望和行为,这便是群众文化团结凝聚功能中的激发效能。

3. 沟通

群众文化能使参与主体输出自己的思想感情信息,同时接受他人思想感情信息的反馈,从而建立新型人际关系。比如,在横向的沟通上,群众文化能加深社会组织内部之间的认识和了解。在纵向的沟通上,表现在改善代与代之间的心理差异上。

群众文化通过发挥沟通、吸引、激发等效能,把群众成员聚合在一起,产生一种集体氛围,形成激励效能。当这种激励效能表现在需要统一集体意志、集体行为时,它可以使社会成员行动一致,激励意志,提高觉悟,形成强大的合力,共同奋起行动。这种效能成为激励人类自身发展的重要内在驱动力。

三、群众文化的重要地位

(一)群众文化是公共文化服务体系建设的发祥地

政府向公民提供基本文化产品的服务体系就是公共文化服务体系,建立该体系是为了保障公民的基本文化权益。政府充分发挥自身职能,积极建设公共文化服务体系,并在多项政府文化工作中着手一些公共文化工作。公共文化服务的范畴比较宽广,除了公益群众文化单位,还包括专业艺术、文化教育和科技、对外文化交流,甚至一些企业提供的能够满足人们文化需求的特定文化产品等。

政府文化职能的转换与完善促进了公共文化服务体系的建设与完善,群众文化部门积极适应这一转变,在公共文化服务体系的运行中主动走在最前面,体现了群众文化与公共文化服务的内在联系。群众文化工作者在工作实践中以建设公共文化服务体系的规律和要求为依据,不断创新服务理念、运行体制、服务内容和方式。群众文化理论领域也充分反映了公共文化服务体系建设的成果,在公共文化服务体系的运行中,群众文化扮演着非常重要的角色。

(二)群众文化在价值观上体现出以幸福感为中心的立体取向

群众文化中的思想道德教育、科学文化教育非常重要,发挥群众文化的教化功能,不管是对文化活动的组织者,还是对文化活动的参与者而言,都是非常重要的。人们在群众文化中表现出来的追求幸福感的价值取向,如追求健康、愉悦、审美等,得到了充分的认可与重视,而且这也成为号召更多人参与群众文化活动的主流因素。在追求幸福感的内在动机下,参与群众文化活动的主体越来越多,群众文化活动骨干和群众文化活动的专业队伍也不断壮大起来。

参与群众文化活动改变了很多人的生活,不仅丰富了精神生活,而且解决了一些心理问题,他们从群众文化活动中获得的幸福感又对周围人产生了积极的影响,使幸福因此而传播、传递,对社会稳定、和谐起到了举足轻重的作用。

第二章　群众文化的类型划分

群众文化无论是内容还是形式,都具有多元性,可以根据群众文化的不同层次、条件及效应对其进行类型划分,一般可以分为城市群众文化、乡村群众文化、家庭群众文化、校园群众文化以及企业群众文化等几种类型。不同类型的群众文化各具特点,我们在群众文化发展中要推动不同类型群众文化的协调与平衡发展,整体上促进群众文化的大繁荣。本章主要对这几种类型的群众文化展开研究,阐述各类群众文化的基础理论知识,并提出发展建议与策略。

第一节　城市群众文化

一、城市群众文化的含义

城市群众文化是群众文化的一种主要类型,它指的是在城市地域形成的以适应异质性非农业人口多层次文化生活消费需要的一种社会性文化。[①]

二、城市群众文化的基本特征

在一定区域内,往往将城市作为本区域的政治中心、经济中心和文

[①] 周爱宝. 群众文化基础知识[M]. 北京:高等教育出版社,2004.

化中心，作为区域中心的城市聚集着大量非农业身份的人口，城市经济发达，交通便利，文化繁荣，城市所具有的这些优势和特征使在这一区域形成的群众文化逐渐具有代表性、开放性和层次性等基本特征。下面对城市群众文化的这几项基本特征进行简要分析。

（一）代表性

城市文化的总体特征往往集中体现在城市群众文化中，因此城市群众文化是城市区域文化的代表。城市群众文化集中反映了城市的优秀传统文化成果，并使这些文化成果以比较高级的形式呈现出来，彰显了城市文化的水平。高水平的优秀文化成果成为城市特色群众文化的典型代表，起到一定的示范作用。

城市经济发展水平高，文化开放程度高，对外交流范围广，因而现代文化发展中的先进信息总是先传播到城市尤其是经济发达的城市，城市接收现代文化信息后，城市群众文化的活动形式、活动内容也将变得越来越丰富多彩，新的文化载体不断产生，使城市群众文化在城市文化体系中始终走在前列，引导其他文化前进与发展。

（二）开放性

城市本身就是开放性的区域，开放程度明显超过乡村地区，一般来说，经济越发达的城市，开放水平越高。具有开放性的城市成为本地域的文化交流中心，一些经济发达的大城市还是国内与国外进行文化交流的中心。文化交流的不断深入，一定程度上影响着城市居民的道德价值观、文化心理和审美意识等，使居民逐渐摆脱传统观念的束缚，产生新的心理需求，在新需求的刺激下，城市群众文化形式越来越时尚，内容越来越丰富，群众文化快速更新，开放性更加突出。

（三）层次性

城市群众文化的服务对象涉及城市内不同社会阶层的人群，他们的文化水平、职业类型、收入水平、文化消费能力等方面存在明显的差异，为满足不同阶层人群的文化需要，逐渐产生了不同层次的群众文化内容。

三、城市群众文化传播

随着社会主义现代化建设尤其是精神文明建设进程的不断加快,城市群众文化在越来越广阔的空间中大范围传播,而且在新媒体时代,传播手段越来越多,也越来越先进,城市文化传播迎来了良好的机遇。在新时代,如何将现代化传播媒介与手段充分利用起来,加快城市群众文化的传播速度,进一步扩大传播范围,通过传播推进城市群众文化发展,是城市群众文化工作者需要思考的一个重要问题。

关于新时代城市群众文化的传播,这里主要提出两点建议。

(一)扩大传播范围

新时代,文化工作者要利用现代传播媒介与手段来不断扩大城市群众文化的传播范围,具体从以下两个方面来落实。

1. 开辟新媒体传播渠道

在新兴传播渠道的创新建设中将数字化资源充分利用起来。例如,重视对城市群众文化门户网站的建立,利用信息化资源优势传播城市特色文化,增加城市传统优秀文化的受众群体,使城市文化成果及文化魅力能够被更多的年轻人看到、领悟到,并激发青年人传承本地民间优秀文化传统的意识与热情。

此外,还可以创办群众文化数字期刊等,打破传统传播手段的时空限制,将视频、音像等元素融入期刊中,发挥新媒体的优势,提升城市群众文化的传播效率和效果。

2. 利用新媒体平台传播

利用微博、微信等新媒体平台使城市群众文化在更广阔的范围内、以更快的速度传播,将传统传播媒体,如电视、报刊等与新媒体传播媒介充分结合起来,建立传统与现代传播手段有机融合的城市群众文化传播网络,使群众体育文化在传播中实现由点及面的良好效果。

（二）传播内容差异化

传播城市群众文化，要贯彻差异化、多元化的原则。城市群众文化面向社会不同阶层传播，针对不同传播受众的差异性，要传播不同的群众文化内容，这样才能使群众文化传播达到良好的效果，使传播效能进一步提升。

客观上而言，城市群众文化传播效果一定程度上是由传播受众的自身特性所决定的，这里所说的受众特性是指受众的年龄、职业、文化水平、媒体经验等。受众自身的这些基本情况决定了他们对什么类型的群众文化感兴趣和倾向于接收什么类型的群众文化信息。因此，在城市群众文化传播中要从传播受众的个体差异出发，力求传播内容的层次性、差异化，同时也要传播能够普遍满足大众基本文化需要的群众文化内容，使人们对具有亲和力的群众文化有更深刻的认识与感受。

四、城市群众文化工作创新

当前，随着城市群众文化工作的大力开展和稳步推进，我国城市群众文化建设与发展取得了良好的成果，促进了城市群众文化的多元发展与繁荣。但在社会转型阶段，在城市群众文化工作开展中也面临一些困境，使城市群众文化建设陷入瓶颈期，影响了城市群众文化发展的步伐，在这个特殊时期，群众体育文化工作者要勇于创新，敢于突破，在困境中发现新方法，采取新对策，以创新为手段来解决群众文化建设与发展中的一些实质性问题。下面结合城市群众文化的发展现状提出新时代我国开展城市群众文化工作的基本创新策略。

（一）以服务群众为基本点

在城市群众文化工作创新中，要时刻谨记为群众服务的原则，创新就是为了将更好的文化产品、文化服务提供给群众，使群众的文化生活越来越丰富，精神需要得到最大化的满足。

当前，为了缓解人民群众日益增长的精神文化需要与群众文化建设步伐相对缓慢之间的矛盾,城市群众文化工作者必须加快文化创新,并在文化发展与创新中将人民群众的根本利益作为价值标准,以高度负责的工作态度真正为群众服务,提升文化工作质量和创新水准,多创造能够满足群众精神文化需要的文化活动和服务,使群众精神更富有,在参与群众文化活动的过程中体验群众文化的魅力。

在城市群众文化工作创新中,如果只依靠文化工作者付出劳动和智慧是不够的,还需要发挥群众的主体性、积极性,鼓励他们在群众文化活动中提出建议,及时反馈,文化工作者多收集反馈,听取建议,尽量满足群众的合理文化需求,维护群众的正当文化利益,这对促进城市群众文化进一步发展具有重要意义。

(二)创新文化内容、文化形式

在城市群众文化工作创新中,要将群众文化内容创新作为核心,通过内容创新,能够从根本上推动城市群众文化的发展。内容创新可以为城市文化活动增光添彩,彰显城市群众文化的特色。要注意,在城市群众文化内容创新中要坚定不移地坚守社会主义核心价值观,在核心价值观的引领下创造新内容,而如果创造的新内容脱离核心价值观,那么其不会被认可,而且其本身也是没有灵魂和意义的。

随着时代的进步和社会的发展,不断创新城市群众文化内容,扩展与补充城市群众文化的精神内涵,并将民族优秀文化传统体现在文化内容的创新中,从而促进文化的进步和国家文化软实力的提升,这样,面对外来同类文化的冲击,本土文化将不会那么容易被冲击到,而且能够与之抗衡,取长补短,交融发展。

群众文化形式的创新也很重要,这是群众文化纵向发展的路径,需要与内容创新这一横向扩展路径相结合,充分满足城市中不同社会阶层群众的文化需要。

(三)创立特色文化

不同的城市各具特色,风格各异,有自己的文化个性,相互之间文化差异比较显著。一个城市的鲜明个性、独特魅力一定程度上体现在该城市的特色群众文化中,培育有本土特色的群众文化,弘扬文化个性,能够使居民对所在城市的认同感、归属感进一步增强。因此,在城市群众文化工作中,要注重对特色群众文化的创立,具体从以下两个方面来落实对特色群众文化的创立。

1. 确立特色群众文化的类型和建设方案

确立城市特色群众文化的类型,尤其是要重点打造的"拳头文化产品",结合城市群众文化特征和城市发展现状谨慎选择最合适的艺术品种,这一步直接决定着城市特色群众文化建设的成败。一般来说,一个城市的特色群众文化往往源于本土民族民俗艺术文化,因此建议从本土民族民间艺术中选取艺术品种来重点开发与创造。

在特色群众文化的选择与创建中,群众文化工作者要对本地文化风格特点、文化优势进行科学分析,然后将特色鲜明、艺术价值高、群众基础好的艺术种类确立为本地特色群众文化,并进行反复论证,然后在城市发展规划中将特色群众文化的建设纳入其中,根据规划有序开展相关工作,逐步创建特色文化和拳头产品。

2. 优化特色群众文化赖以生长、发育的环境

城市特色群众文化的发展离不开城市特有的阵地,也就是城市本土环境,支撑特色群众文化生长、发育的大环境往往是由城市大型特色群众文化活动中心、文化表演场馆等特有文化阵地构成的,充分运用这些活动场所,打造城市艺术中心,创造艺术氛围,提升艺术环境的吸引力,能够将广大人民群众集聚在大环境中领略本土特色群众文化的魅力,同时也能为本土特色群众文化走出本区域,走向全国各地乃至世界各地打好基础。

第二节 乡村群众文化

一、乡村群众文化的含义

乡村群众文化是指生活在乡村的居民在职业之外,由群体经常参与

和认同,由政府引导,公众自我创造、自我参与、自我娱乐、自我开发以达到娱乐身心、获得社会支持的一种群体性、社会性的公共文化。①

二、乡村群众文化的基本特征

乡村群众文化具有独特的乡土特点,对村民的生活及乡村经济发展有重要作用和价值。乡村群众文化具有地域性和通俗性特征。

(一)地域性

乡村群众文化是以乡土文化为根基所衍生出来的一种文化,相对于城市,具有浓厚的乡土特点。不同的乡村其群众文化的乡土特点也各不相同。因此,乡村群众文化比城市群众文化的传统文化根基更深,而且在地域性的基础上衍生了草根性、多样性特征。

(二)通俗性

乡村群众的综合文化素质相对来说比较低,所以乡村群众文化中一部分是基于生活中打发时间的需要而形成的,这部分群众文化内容相对通俗一些。乡村群众的文化需求中,艺术追求和教育培训方面的需求较弱,所以影响了层次较高的群众文化产生。

相对于城市,乡村的群众文化又有自创性特点,源于乡村生活产生了一些自创文化,如舞龙灯、串堂班等。

三、发展乡村群众文化对乡村振兴的作用

当前,我国大力实施乡村振兴战略,高度重视新农村建设,不断提高乡村社会文明程度。作为乡村文化的一个重要组成部分,乡村群众文化对落实乡村振兴战略和实现乡村振兴目标具有非常重要的作用,具体从以下几方面体现出来。

---

① 周爱宝. 群众文化基础知识[M]. 北京:高等教育出版社,2004.

（一）推动乡村经济发展

发展乡村群众文化能够促进乡村经济发展，这一作用具体表现在以下几个方面：

首先，发展乡村群众文化有利于提升农民的综合文化素质、勤劳致富的能力、生活的自信，从而推动农村经济快速发展。

其次，发展乡村群众文化能够创建良好的乡村文化氛围，传承优秀传统文化，拉动乡村旅游发展。

再次，发展乡村群众文化能够振兴乡村文化市场，拉动农民文化消费，带动文化产业发展。

最后，发展乡村群众文化能够促进乡村和谐治理，从而间接促进乡村经济发展。

（二）提升乡民生活质量

随着国家对"三农"发展的重视和乡村振兴战略的提出，农村经济发展速度加快，农民收入水平也有了提升，他们有更多的时间追求以娱乐身心为目的的文化休闲活动。发展乡村群众文化能够满足乡民的精神文化需求，满足其愉悦身心、休闲放松、享受生活、创新创造、寻求社会支持等较高层次的需要，丰富乡民的文化生活，最终实现乡村振兴的目的。

（三）传承优秀传统文化

在乡村振兴过程中，要竭尽全力保留传统文化，这是乡村振兴的灵魂，也是乡村的魅力所在。随着农村的不断空心化，许多优秀传统文化逐渐流失，急需有效方式来传承和发扬。乡村群众文化是农民生活中不可缺少的一部分，如果将优秀的农村传统文化融入农民日常文化活动中，那么有利于有效传承优秀的传统文化和技艺，而且以创新的方式将优秀的传统文化融入农民的文化活动中，能够赋予传统文化以生机，促进乡村传统文化的保存与繁荣，这将成为乡村振兴的"底气"。

（四）加强思想作风建设

在乡村城镇化进程中，传统礼俗文化逐渐失去了对农民的约束力，而逐渐发展起来的健康又丰富的乡村群众文化能够有效弥补传统礼俗文化衰微带来的空白，引导农民树立正确的世界观、价值观和人生观，提升其思想道德水平。而且，由于群众文化活动是群体性活动，增加了群体的舆论监督张力，能够提升群体对个人行为的约束力，强化农村思想作风建设。

（五）促进乡村和谐治理

乡村振兴离不开乡村治理，我国倡导以自治为主、法治与德治相结合的乡村治理模式，这对农民的道德文化素养、和谐人际关系以及法律素养提出了较高的要求，发展乡村群众文化有利于培养农民的这些素养，提升他们当家作主的能力和主人翁意识。同时，积极健康的乡村群众文化活动使得农民找到了释放压力的有效途径，能够间接改善农村环境，促进农村治理。[1]

四、乡村振兴战略下乡村群众文化的发展策略

乡村群众文化建设与发展是乡村振兴战略实施中的重要项目与内容，建设乡村群众文化对实现乡村振兴的战略目标具有重要意义。因此，乡村群众文化建设受到政府的高度重视，乡村地区也抓住良好的社会机遇大力加强基层群众文化建设，满足乡村人民群众的精神需求，丰富群众的生活，改善群众的生活质量。在乡村振兴战略背景下着手乡村群众文化建设，要做好以下工作。

---

[1] 徐月萍,张建琴.乡村振兴背景下乡村群众文化阵地建设[M].南昌:江西高校出版社,2019.

(一)挖掘乡村特色文化

不同乡村地区的地理位置不同,文化各有特色,发展乡村群众文化,要对各个乡村的特色文化加以挖掘,然后适当整理、加工,不断改进,促进升华,使本土特色群众文化的吸引力和凝聚力得到提升,使乡村人民群众普遍认可与肯定本地基层群众文化。

对乡村特色文化资源进行挖掘,要求对乡村地区的传统历史文化和风俗习惯有充分的了解,举办能够体现地方民俗文化的群众文化活动,调动群众参与的积极性,使基层群众文化在广大人民群众的参与下快速发展和弘扬,并在更广阔的区域传播。

(二)传承优秀乡村文化

乡村群众文化建设的主体是乡村居民,作为建设主体,村民肩负重任,要在建设过程中对家乡的优秀文化加以传播、传承。通过传承乡村优秀传统文化,有助于促进群众文化地位的提升,增强乡村文化自信,培养与提高村民的文化传承意识与积极性,激发村民对乡村文化的认同感,将乡村地区打造成村民的精神家园,推动乡村振兴。

(三)提高文化服务力度

在乡村基层群众文化建设中,要重视对文化服务设施的完善,制定相关法律法规来保护文化服务设施,并使其价值得到充分发挥,提高这类资源的利用率,并不断创新群众文化活动形式,解决当前乡村基层文化建设中存在的基础设施欠缺、维护缺失、管理落后等各种问题,通过健全文化服务设施和提高文化服务力度来进一步推动群众文化建设的顺利进行,充分满足基层群众的精神文化需求。

乡村基层群众文化建设要严格遵循因地制宜原则,体现当地的文化特色,营造传承和发扬优秀文化的良好环境,并促进文化形式创新。此外,要积极开展丰富的文艺演出活动,借鉴和参考其他基层文化中的精髓,传播特色文化,充分发挥出基层群众文化的优势。在新农村建设中还要加强不同乡村之间、乡村与城市之间的深入沟通与互动,共同进步,

第二章 群众文化的类型划分

共同打造更多优秀的基层文化作品。

此外,在社会主义信息化建设背景下,要适当改造老旧的文化形式,寻求全新的发展方向,借助乡村地区的文化平台开展文化活动,使基层群众享受优质文化服务。

(四)加强基层群众文化队伍建设

在乡村群众文化建设与发展中还要加强基层群众文化队伍建设。

首先,做好对基层群众文化建设队伍的培训和教育工作,聘请高校、专业艺术团的专家进行讲解,确保基层群众文化活动的顺利进行。

其次,调查乡村文艺工作者和团队的整体水平,建设相应的文艺人才库,发挥乡村文艺人才的价值。

最后,构建高水平、高素质的基层群众文化建设队伍,增加专业文艺人才的储备量,适当提高其薪资待遇,使其积极主动地做好基层群众文化建设工作。

(五)完善群众文化阵地

在社会主义现代化建设中,乡村的地位和作用非常重要,城市的发展要将乡村作为坚强后方,国家建设与民族发展要以乡村为基础,因此在中华民族伟大复兴的历史进程中,要将出发点和落脚点定位在满足人民群众对美好生活的追求与期待上,其中必然包括乡村人民群众的需求和期待。在这一基础上,客观分析城乡发展的差距,解决矛盾,尽量缩小城乡差距,促进城乡统筹协调发展,在文化建设中适当向基层倾斜,重点发展乡村文化,使文化发展成果惠及每个乡村人民,推动乡村精神文明建设。

在乡村群众文化建设与发展中,群众文化阵地作为建设载体发挥着至关重要的作用,因而在乡村振兴战略背景下,要推动乡村群众文化的发展,就必须重视对乡村群众文化阵地的建设与完善,加强顶层设计,用系统理论指导阵地建设与完善。

为促进乡村群众文化阵地的完善,要求重点从以下几方面开展工作。

首先,建立共享思维,增强乡村文化阵地的开放性,适当允许基层公共场所资源免费由村民共享,如乡村企业的文化场馆、学校空余场地等,利用这些资源开展丰富的基层文化活动。

其次,加强对乡村群众文化阵地建设的系统规划,在多功能建筑物的建设中开辟群众文化阵地的空间,从实际需要出发来完善基层群众文化活动场所,这样既能防止土地资源浪费,又能满足群众的基本需要。

最后,充分发挥乡村现有文化资源的作用,包括文娱场所、体育场所、教育场所等资源,提高资源利用率,并不断完善这些场所的基础设施条件,完善场所功能,充分发挥这些资源的价值。

第三节　家庭群众文化

一、家庭群众文化的含义

家庭群众文化是指以单个家庭构成的,或以一个家庭成员与另一个家庭成员之间在自由时间里从事的,具有群体性文化娱乐活动特征的一种社会性文化。[1]

二、家庭群众文化的基本特征

家庭群众文化具有以下特点。

(一)传承性

许多民间艺术就是以家庭的方式世代传承的,如泥人世家、风筝世家、唢呐世家等。

---

[1] 黄丽. 新时期群众文化研究[M]. 银川:宁夏人民出版社,2014.

（二）多样性

不同家庭的艺术爱好不同，文化艺术的表现方式也不同，家庭群众文化是多姿多彩的。

（三）时代性

文化艺术家庭的形成需要家庭具有一定的文化艺术素养、艺术爱好和从事艺术活动的基础，艺术不仅是个别家庭谋生的方式，还是更多家庭的文化生活享受方式，这是社会主义现代化建设的时代要求。

三、家庭群众文化的发展建议

家庭群众文化是城市社区和村落群众文化的细胞，能够寓教于乐，使家庭成员在自娱自乐、轻松活泼的家庭文化生活中达到自我教育、塑造家庭美德的目的，也能在共同参与的过程中增加家庭的凝聚力和稳定性，进而促进和谐社会建设。

下面简单分析我国家庭群众文化的发展策略与建议。

（一）提高文化馆的文化服务水平

文化馆在家庭群众文化发展中发挥着重要作用，因此要提高文化馆的文化服务水平，具体方法包括：

(1) 利用馆、舍提供家庭群众文化的活动场地。

(2) 加强对家庭特色文化的辅导、培训，提高家庭成员的文化素质和技艺水平。

(3) 为展示家庭特色文化提供平台等。

（二）发挥文化部门的作用

文化部门把发展特色家庭群众文化纳入群众文化发展的总体规划

中,将发展文化户作为群众文化网络的重要组成部分予以扶助,为家庭群众文化的发展提供支持。

(三)组织丰富的文化活动

组织丰富多样的家庭群众文化活动,如家庭才艺比赛、文化户才艺展示、家庭艺术团队演出、家庭体育比赛等。鼓励家庭成员积极参与社区群众文化活动。

第四节 校园群众文化

一、校园群众文化的含义

校园群众文化是指以满足学生精神生活需要为目的,以文化艺术活动为主要内容的一种社会性文化。[1]

校园群众文化是校园文化的一个要素,包括校园群众文化活动、工作、事业和理论研究等,涉及科技、文艺、体育、思想教育、娱乐等师生员工文化生活的各个方面,学生的文化活动是校园群众文化的核心。校园群众文化的主体是学生和教职工,活动方式是自发进行的,目的是获得精神的满足和促进身心健康发展。校园群众文化建设也是一项系统工程,包括设施建设、活动开展、理论研究等。

二、校园群众文化的基本特征

校园群众文化具有以下三个基本特征。

(一)广泛性

校园群众文化使学生的认知由课堂一个场地变成多个场地,由大纲

---

[1] 徐娟梅,张红英. 文化大发展背景下的宁夏群众文化[M]. 银川:宁夏人民出版社,2013.

一个标准变成多个标准,由课本一个源头变成多个源头。不同年龄、年级、专业的学生都可以参与自己需要的文化活动,特别是在课余时间能够运用新的文化科技工具获得新的信息。

(二)自主性

校园群众文化建设要充分发挥学生的主体性,学生自主参加文化活动,不同于课堂教学中的被动接受。

(三)实践性

在丰富多样的校园群众文化活动中,有些活动需要学生自己创造条件,自主设计、组织、操作、实施,并积极应对"突发事件",而且整个过程中都不能忽视人际交往、沟通合作,在实践过程中学生的创造力、交际能力等都能得到锻炼和提高。

三、校园群众文化的作用

顺应现代教育发展方向而蓬勃兴起的校园群众文化具有重要作用,表现如下。

第一,有利于弥补课堂教学的不足。课堂教学具有标准化、同步化的特点,但学生接受能力参差不齐,因此教与学存在矛盾。校园群众文化的教化功能弥补了课堂教学的这一缺陷,能够优化学生的智力结构,进而提高学生的课堂学习效率。

第二,有利于使学生有更多的机会与平台展示自己的才华,证明自己的能力,增强学生的自信与创造力。

第三,多层次的校园群众文化审美活动陶冶了学生的道德情操,提高了学生的审美能力。

第四,有利于学生认识世界,提高社会适应能力。学校是社会的一个组成部分,但校园教学活动范围有限,而丰富的校园群众文化拓展了学生的社会活动面、知识面和交际面,能够为学生步入社会打好基础。

四、高校校园群众文化建设中大学生人文精神的培育

随着我国高等教育的深入改革,具有特殊社会性的高校校园要不断提高教学质量,推进高水准教育的改革发展,提高自身教育水平和管理水平,在校园内形成关于校园文化的共识,增强校园的内部凝聚力。在高校教学改革中要加强全面管理与综合治理,整体优化校园环境,提高校园文化实力和竞争力,树立良好的校园形象,使高校在国内外的知名度得到提升。也就是说,高校校园自身的发展要通过培育特有的"校园精神"来推进。而在校园精神的培育中,大学生人文精神的培育更为重要。大学生的人文精神是高校校园文化的灵魂,也是高校校园群众文化的精粹和校园精神文明建设的重点。下面重点对高校校园群众文化建设中大学生人文精神的培育原则与培育方式进行分析。

(一)培育原则

培育大学生的人文精神要贯彻以下基本原则。

1. 思想性与实效性相统一的原则

大学生人文精神是大学校园精神文化的重要组成部分,大学生具备思想性非常深刻的人文精神,往往能够更加理性而深入地思考社会现实。深刻的思想性是大学生人文精神的重要特征之一。高校必须在社会主义核心价值观的指导下培养大学生的人文精神,保证大学生人文精神培养的方向是正确的。此外,大学生要坚守自己的主体价值,远离社会上的腐朽文化,承担起自己的社会责任,做到真、善、美的统一。

培养大学生的人文精神还要贯彻实效性原则,要构建具有实际教育意义的校园精神文化体系,体系中不仅包含课堂教学,还包含课外活动、社会体育实践等。以丰富而实用的校园精神文化对大学生的内在品质(人格、气质、修养等)进行培养,引导大学生对各种社会关系进行正确处理,促进其具有人文关怀特质的精神品质形成与提升。在培养大学生人文精神的同时,要注意对其人文精神各要素的关系进行协调和重塑,推动各要素的良好互动,使大学生的人文精神达到一定高度,进而提升高

校校园精神文化的层次。

2. 导向的一元性原则

导向的一元性原则是指大学生人文精神培养中价值导向的一致性和明确化。大学生人文精神的价值导向常常体现为高校教育发展的方向性原则。这是由于高校教育作为一个整体运行系统，总是需要建立和维持一定的秩序，以形成一定的社会共同体。这就需要整合高校的各种教育价值观念和行为取向，用一元的价值导向使其达成共识和一致。

不同利益主体的利益需要、价值目标、价值观念等是不同的，是有独特性的。通常而言，人们的价值追求随着社会发展水平的提升而越来越多元化、层次越来越高。当前，高校大学生的价值取向越来越多元，这与其丰富多样的现实生活是一致的。多元化的生活方式、价值取向使大学生在自身行为标准的建构中有更多的选择。大学生主体的价值取向具有随机性、分散性和功利性，这不同于高校校园文化总体价值导向的长远性、整体性和根本性。大学生的价值取向容易与高校总体发展需求和发展趋势发生偏离，而对大学生价值取向的规范离不开正确统一的价值导向，通过进行规范和引导，能够使大学生自身的价值取向和行为取向保持一致，并使其价值取向与高校总体的价值导向保持一致。

在高校大学生人文精神培育中贯彻导向的一元性原则，要用一元化的价值导向来规范和引导大学生的价值观念和行为方式，使大学生遵守最基本的道德规范，言行举止符合道德规范。舆论的鼓励或谴责、道德的社会化都是建立在道德环境一致的基础上的，如果缺乏一致标准，那么人们就会在确定价值标准时感到迷茫，只有价值观一致、行为规范统一，大学生才不会在价值标准的选择和道德判断中感到困惑。因此，要在高校建立统一的可操作性强的道德标准，使其与大学生人文精神培育的价值导向保持一致。

3. 共性与个性相统一原则

培养大学生的人文精神，要求大学生对个人主义、功利主义予以克服，主动对校园优秀精神文化进行继承与弘扬。高校校园精神文化是高校在漫长发展历史中经过长期的积累、沉淀而形成的，并在未来的发展中将不断更新、完善、提升，高校的优秀精神文化成果是由一代代校园人创造的,校园人将他们共同的美好希望寄托于此,所以说高校精神文化是校园人希望的承载者和校园光辉历史的记录者。

高校校园精神对高校的共同价值目标十分崇尚,即促进大学生知识的丰富和拓展,促进大学生全面发展。培养大学生的人文精神,要塑造大学生的独特精神和个性,使大学生从本校传统、发展历史、学科特色中对精神文化的精髓予以提炼和总结,构建个性化高校校园精神文化,使大学生在个性化的精神文化环境中形成个性化心理品质。

(二)培育策略

1. 重建现代教育理想

在"工具理性""功利主义"的笼罩下,高校群众文化的发展比较艰难。在新时代,高校群众文化建设与发展必须走出这些阴影才能迎接光明,实现持久发展。高校教育要重塑现代教育理想,确立新的、科学的教育理想,即对人文与科学的探索,对物质文化与精神文化相融合的追求,对创新精神的培养等。在现代高校教育理想的重建中,教育理想的培养目标也发生了相应变化,表现为塑造健全人格和完善人的个性。要达到这个目标,就要将现代科学文化知识、科技知识传授给大学生,对大学生运用这些知识的能力进行培养,使大学生在实践中学会多角度思考问题,学会用多种方式去解决问题,感悟做人的道理,将大学生培养成拥有健全人格的全面型人才和一专多能型人才。

高校教育工作的基本点和出发点都落实在教育理想上,教育理想对教育活动的开展、教育工作效果等都有直接影响。现代高校教育理想应该是融合了人文精神和科学精神的理想,二者在思想上高度融合,在内涵上互为补充,相辅相成,共同构成了科学的现代高校教育理想。

现代高校教育理想的核心是使大学生的各方面素质得到充分、协调发展,使大学生的人格得到最大程度的健全和完善,在对大学生主体性予以激发和调动的基础上促进其全面发展,使大学生在群众文化活动中深刻感悟生命的可贵。

现代高校校园群众文化建设中应该树立的教育理想是对优秀的大学生人才进行培养,使其既掌握丰富的知识、实用的技能,又能在实践中

第二章 群众文化的类型划分

培养爱国主义精神、社会责任感,塑造高尚道德情操,实现人格的健全与完善。

2. 将人文精神融入教学中

在高校教学中融入人文精神,注重大学生精神层面的教育,或直接开设人文精神教育课程,专门培养大学生的人文精神,提升大学生的道德品质和人文素养。高校教师应适当细化人文精神,有意识、有计划地将人文精神元素融入教学内容中,使其更易于被学生接受,使学生在学习中感受人文精神的内涵,将人文精神内化为自己的价值观,运用正确的价值观去发挥自己的主观能动性,提升身心健康水平,塑造高尚的道德品质。大学生在学习中感受人文精神的强大力量后,便能对其中的深刻内涵有真实的感悟和体会,并将自己感受到的人文精神运用于学习和生活中,使人文精神对自己的各个方面都产生积极的影响。

3. 课堂上诠释人文精神

将人文精神元素融入高校课堂教学中来培养大学生的人文精神是最为直接的方式之一。在课堂教学内容中融入细化的人文精神元素,为了将人文精神的内涵诠释得更准确、生动、深刻,需要借助多元化的课堂活动,鼓励大学生亲身参与活动,在有形的活动中感受无形的人文精神力量,获得潜在的熏陶与影响,在潜移默化中实现精神的升华和人格的完善。在课堂教学中培养大学生的人文精神也提升了高校教学的层次和深度,使大学生深刻认识到高等教育有深层功效,即提升精神品质。

4. 在教学中培养团结协作精神

在高校教学中,教师可以选用恰当的教学方式方法引导大学生之间的合作学习,使大学生主动与同学合作,自觉配合教师教学,在合作与配合中树立团队协作意识,增强团队协作能力,强化团队协作精神。在这个过程中,不仅传统教学方式发生了变化,师生之间的沟通也更加通畅,课堂氛围更加轻松、活跃。协作学习对大学生结交朋友、建立友谊、沟通感情、共同进步也有重要意义。这些方面的收获又有助于进一步激发大学生的学习动机,提升大学生的学习兴趣,使大学生拥有更强大的学习动力。协作学习对培养大学生的价值观、提升教学效果具有积极影响。

在高校教学中采用协作学习方式是将人文精神培育融入课堂教学的重要形式之一,除了融入团结协作精神的培育内容外,还能融入人文精神的其他内容,从而在教学中全面培育大学生的人文精神。

第五节 企业群众文化

一、企业群众文化的含义

企业群众文化是企业文化的一个重要组成部分。企业文化是指一个企业、组织和它的全体职工所具有的价值观念及其相应的文化教育活动的总和。企业文化是企业的一种高层次的管理方式,企业文化的"柔性控制"具有激励效能和持久力,它能使整体企业行为(由员工个体行为构成)产生最大的功效。而企业群众文化是在企业文化的基础上,由企业员工形成的一种社会性文化。[1]

二、企业群众文化的基本特征

(一)功效性

企业群众文化通过各种活动增进职工友谊,激发其工作的积极性、主动性和创造性,使其生产出更多、更好、更新的产品,向社会展示企业的良好形象,提高企业的知名度,促进产品销售,最终为企业带来良好的经济效益和社会效益。

---

[1] 徐娟梅,张红英.文化大发展背景下的宁夏群众文化[M].银川:宁夏人民出版社,2013.

（二）时代性

企业经济是一种前沿经济，它对既定社会阶段的经济制度和政治制度的约束和影响做出直接、敏感的反应。企业文化属于上层建筑，是一种意识形态，企业群众文化是企业文化在精神文化领域的反映，同时又对企业经济有积极的影响。在营造环境氛围、引导价值取向、规范道德行为上，企业群众文化都展现出鲜明的时代精神。

（三）创新性

现代企业要生存，必须有强大的市场竞争能力，而竞争力的核心是创新能力。企业群众文化从企业生存和发展的战略高度出发，强调创新精神的重要性，并将创新工作作为企业群众文化建设的经常性活动和重点项目。

（四）特殊性

企业群众文化的特殊性主要体现为其在作用的发挥上区别于其他群众文化。

第一，企业群众文化在潜移默化中陶冶职工的思想情操，将他们引向正确的目标方向和轨道上。

第二，企业群众文化有自身的以价值观认同为中心的激励机制，当一项活动展开时，会转换成一种在生产、工作、学习中发挥作用的力量。因此，企业群众文化是一种激励企业创新发展的潜在生产力和精神源泉。

三、企业群众文化的功能

（一）经济功能

企业结构的诸要素中，最重要的因素是人。企业群众文化工作和企业精神文明紧密联系,它以"以人为本"为核心,强调挖掘与发挥全体职工的潜力和动能,为企业的发展营造温馨和谐的环境。因此,企业群众文化能在提升精神动力方面发挥积极作用,推动企业生产力的发展,进而促进企业经济发展。

企业可以适时开展一些具有知识性、趣味性和思想性的群众文化活动,让职工在获得精神享受的同时确立理想信念,热情投身到企业生产经营活动中,展示企业的良好形象,彰显职工的精神风貌,促进企业经济发展。

具体来说,企业群众文化的经济功能体现在以下几个方面。

首先,企业群众文化活动要推进企业经济建设,主要在提升科技文化影响力方面下功夫。

其次,企业群众文化可以动员职工学习新科技、掌握科学方法,攀登科学巅峰。

最后,企业群众文化可以营造健康向上的企业文化氛围,强化对职工的理想教育,增强企业的凝聚力,强化企业精神和职工的使命感。

(二)凝聚功能

职工是企业赖以生存与发展的基础,职工如果在思想上认识到自己是企业的一员,就会对企业产生强烈的归属意识和主人翁意识,产生凝聚力和向心力,作为内在动力促进企业不断发展。企业群众文化在提升企业凝聚力上有着重要作用,表现如下。

首先,企业的各类文化活动在功能上具有黏合性,可以将员工很好地结合在一起。不管是进行娱乐游戏、技能竞赛,还是文明建设活动,都能为企业职工联络感情提供桥梁,有利于促进企业工作氛围的和谐。

其次,企业群众文化为职工创造良好的工作环境,有利于培养他们的集体主义精神,培养积极向上、公平公正、廉洁的职业道德和良好职业风范。企业群众文化活动能够把职工个人利益和企业利益联系在一起,使企业获得巨大的凝聚力和发展空间。

为促进企业的可持续发展,企业要努力加强基层群众文化建设,搞好基层群众文化工作,使企业群众文化强大的凝聚功能、经济功能得到最大程度的发挥。

四、企业群众文化建设与发展的策略

企业群众文化建设对企业经济发展和企业凝聚力的提升具有重要意义,因此要重视建设与发展企业群众文化,在建设发展中要重点从以下几个方面来开展工作。

(一)鼓励员工参与基层企业文化建设

在基层企业文化建设中,企业员工是非常重要的建设主体,既是实践者,也是获益者。企业员工对企业文化建设的参与度、对企业文化的认同感直接决定了企业文化的生命力和感召力。因此,员工是基层企业文化建设中不可或缺的主体,有关部门要采用多元有效的方式来鼓励广大员工积极参与到企业文化建设中来,使其在参与的过程中实现精神境界的提升。

鼓励员工参与基层企业文化建设,不仅可以丰富员工的文化生活,还能为其提供学习新知识、获取新信息、掌握新技能的机会。企业要从员工的实际需求出发开展文化建设工作,并在各种集体性的文化活动中有机融入思想道德教育、宣传普及教育等,从而使企业文化活动的内涵更丰富,格调更健康,使员工在企业文化活动的参与中实现综合素质提升。

(二)加强企业群众文化设施建设

在企业群众文化建设中,文化基础设施建设是一项基础工作,加强基础文化设施建设,能够为员工参与企业文化活动、享受企业文化提供良好的物质环境和活动空间。企业应该从自身实际情况尤其是经济情况、员工需求出发,有针对性地健全与完善企业文化设施,重点加强对图书阅览室、文体活动室、运动俱乐部的建设,在每个活动空间配备相应的基础设施,改进现有设施质量,并在开展俱乐部活动、文娱活动的过程中融入企业文化,同时与知识普及、宣传教育、休闲娱乐等结合起来,充分发挥企业群众文化活动的功效。

在企业群众文化设施建设中,要不断改进建设方式,扩大建设资金筹集渠道,争取政府、社区的支持,或者租赁相关设施,总之要尽可能满足员工的文化需要。

(三)打造企业特色品牌

企业的发展离不开对品牌的创建,通过打造品牌,树立企业形象,提升企业的市场竞争力和影响力。企业群众文化建设与发展中同样要打造特色文化品牌,创建有吸引力的特色文化产品,使企业群众文化保持生机与活力,促进企业的创新发展。

在企业群众文化建设与发展中,关键要从文化内容、文化形式和文化产品上进行创新,具体要求如下。

1. 文化内容要"新"

在企业群众文化创新中,要先进行文化内容的创新,设计鲜活、新颖、有吸引力的活动内容,结合时代特色、企业特色、本土特色来创建人无我有、人有我新的文化活动内容。

2. 文化形式要"活"

除了企业群众文化活动内容要创新之外,活动形式也要创新,形式创新的核心在于"活",意思是要从传统文化活动思维中走出来,打破思维局限,以反映时代特色、企业特色的新形式去开展企业群众文化活动,并积极借鉴与吸收其他企业的活动形式。

3. 文化作品要"精"

在企业群众文化创新中还要打造文化精品,建设企业文化品牌,树立良好的企业形象。

第三章 群众文化活动的组织

作为社会主义精神文明建设的重要组成部分,群众文化活动的组织与开展能够满足人们的精神文化需求,组织群众文化活动要注意活动方向应与社会主义核心价值观保持一致,活动内容与形式要有利于社会的和谐稳定,而且要能提升群众的参与度和增强群众的体验感。可见,对群众文化活动的科学组织与策划至关重要。本章主要对群众文化活动的组织进行研究,主要内容包括群众文化活动的基础知识及其地位、形成与发展、原则与规律以及具体组织形式。

第一节 群众文化活动及其地位

一、群众文化活动的概念

群众文化活动是群众文化的重要组成部分,是群众文化体系中比较直观、生动的内容,也是群众文化建设与发展的重点。群众文化活动是指人们在职业外满足精神文化生活需要而采取的文化行为,是群众文化功能、价值的承载体。[1]

---

[1] 李雷鸣. 群众文化理论与实务[M]. 北京:现代出版社,2019.

二、群众文化活动的基本特点

(一)时间方面的闲暇性

从群众文化活动的时间来看,具有闲暇性特征。人们的闲暇时间指的是可以自由支配的时间,也就是劳动生产活动之外的时间,这个时间主要用来休息和娱乐。在休闲时代,闲暇成为现代人生活中不可缺少的内容,人们需要通过参与闲暇活动来调节身心状态,改善身心健康,获得精神上的放松和心理上的满足,并实现学习、交往、创新、完善人格等多重目的。

随着社会的不断发展,人们拥有了比较稳定的闲暇时间,人们利用闲暇时间参加文化活动,从而突出了群众文化活动时间的闲暇性。需要注意的是,闲暇活动并不一定都发生在闲暇时间,有时休闲娱乐活动与劳动生产过程是密不可分的,比如司机行车时听音乐、茶农采茶时唱山歌等,这样的劳动生活也包含着闲暇性质的活动,它们能够帮助活动主体消除疲劳、愉悦心理、鼓舞精神。

(二)空间方面的广泛性

群众文化活动在空间方面具有广泛性特征,这是群众文化活动在存在形式上的广度特征,表现在以下三个方面:

(1)从横向角度看,每个国家、民族都有着一定的群众文化活动。

(2)从纵向角度看,群众文化活动在过去、现在、未来都是人们不可缺少的精神生活内容。

(3)群众文化活动中包含的经济活动、科研活动、教育活动、情感活动等可以说是无处不在。

(三)目的方面的功利性

群众文化活动在目的上具有一定的功利性,它指人们参加群众文化

第三章 群众文化活动的组织

活动是为了获取一定的利益、功效或其他想要的结果。群众文化活动具有显著的功利性,因此要参照活动主体个人的实际需要和社会发展的需要组织群众文化活动。

人们参与群众文化活动的主要目的有休闲娱乐、提高文化素养和审美能力、丰富生活、提升智力等。任何人的群众文化行为都不可能脱离既定的动机与目的,他们都是带着一定的目的去参加群众文化活动的,都是为了满足某个方面的精神文化需要。

(四)内容方面的丰富性

群众文化内容在数量上比较多,类型多样,涉及面广,具有多重意义的功能与作用,这些都体现了群众文化活动内容的丰富性特点。这一特点是由群众文化的全民性与功能多样性有机统一决定的。

人类文化需求的各方各面几乎都涵盖在群众文化的内容中,群众文化活动内容直接或间接地体现了不同形态的社会现实生活。从社会学视角、心理学视角来看,人民群众对群众文化的需求也是多种多样的。

(五)效应方面的双向性

群众文化活动在效应方面的双向性特征是由群众文化活动目的的多样性及活动主体的主观功利愿望与活动结果不一致性所决定的。效应双向指的是群众文化活动可能产生正效应(正作用)与负效应(负作用)两种效应。一般来说,能够产生正效应的往往是内容健康的群众文化活动,产生负效应的往往是内容不健康的群众文化活动。

此外,一些群众文化活动客体具有二重性,活动主体与其有益或有害的一面相联系,会产生截然不同的效应,这是由主体的个体素质与活动动机决定的。此外,群众文化活动如果超过一定限度,其效应的性质也会改变,这就是量变到一定程度导致了质变。

(六)形式方面的多样性

群众文化活动形式多样是指群众文化内容的表现样式、形态非常多,形式上的多样性与下列因素有关:

(1)群众文化活动内容的丰富性决定了活动形式的多样性。

(2)活动主体的差异性和与时俱进刺激了群众文化活动形式的多样性。

(3)社会生态环境的复杂性激发了群众文化活动形式的不断演变。

三、群众文化活动的社会价值

作为一种独特的社会文化形态和客观存在的社会现象,群众文化活动主要是群众为满足自身需求而开展的一系列文化活动,其具有重要的社会价值,具体表现在以下几方面。

(一)促进社会经济发展

内容丰富、形式多样的群众文化活动开展能够促进文化产业的振兴,而文化市场的繁荣与否又直接由群众思想道德素质、文化素质、审美素养的高低所决定。开展群众文化活动,提高参与者的综合素养,有助于促进地方经济发展。

开展群众文化活动能够向人们传播文化知识,提升大众的知识水平和劳动力水平,进而促进社会生产,提高经济效益。

此外,大众积极参与丰富有趣、灵活多样的群众文化活动,能够满足娱乐需求,促进人际交往和沟通,并能在活动中以恰当的方式释放压力,这对推动社会稳定发展,恢复人们的良好身心状态,提升其工作热情、工作成效大有裨益,最终促进社会经济发展。

(二)促进社会管理工作的开展

群众文化活动管理与社会管理都是群众工作的范畴,在本质上存在相同之处,如主体都是人民群众,都要遵守"以人为本"的工作原则。社会管理工作的难度一般随着人民群众阶层范围的扩大而加大,随着社会经济的迅速发展和人民生活水平的不断提高,社会管理工作面临的挑战也越来越大。在社会管理过程中,要善于借鉴群众文化工作方法提高管理质量和水平,还要在正确方针政策的引导下提高社会服务能力,从而提高社会管理水平,促进社会经济发展。

(三)传承社会文明

社会个体参与群众文化活动能够丰富业余生活、开阔视野、陶冶情操、提高个人素质。这是群众文化活动对个体的价值。对社会而言,开展群众文化活动能够传承社会文明,集中反映和有效传播良好的社会风俗、社会精神。

群众文化是非物质文化成果,各地的群众文化特点与地方风貌之间联系密切,人们参加当地的群众文化活动可以受到本土文化的熏陶,深刻认识与感受本土风俗人情,尤其能够感受和体验团结向上的社会精神。人们在群众文化活动的参与过程中十分重视团结,据此鼓励参与者相互帮助、相互尊重、相互合作、相互监督,培养人们的团结意识和集体主义精神,有利于进一步促进我国传统文化与社会文明的传承。

四、群众体育文化活动的地位

群众文化体系由诸多要素构成,包括群众文化活动、群众文化工作、群众文化事业、群众文化理论等,其中群众文化活动处于核心地位。居于核心与支配地位的群众文化活动决定了群众文化的本质,而且群众文化体系中其他要素的存在和发展一定程度上由群众文化活动决定。

第二节 群众文化活动的形成与发展

一、群众文化活动形成的基础条件

群众文化活动要在广泛的群众基础中兴起,并在一定时间内形成"热点",都离不开社会基础、组织条件和活动引导,这三个方面构成了群众文化活动形成的三个基础条件。

（一）社会基础

社会基础由一定时期群众的消费结构、文化背景、审美倾向、社会心理以及当时的社会文化思潮等因素构成。社会基础对群众文化活动的形成具有决定性影响。

首先，当群众的消费结构、消费水平达到比较发达的程度时，群众文化需求热点将会发生较大的变化，由此引起各种文化活动的热点。

其次，在群众中流行什么样的文化活动和选择什么样的文化活动方式，与群众的审美倾向、社会心理息息相关。

最后，经济状况、社会文化思潮变化也直接影响着群众文化活动状态的稳定性。

综上，群众文化活动的形成离不开一定的社会基础，尤其是社会经济发展水平、群众社会心理和社会文化思潮等因素。

（二）组织条件

社会基础为群众文化活动的兴起创造了条件，在此基础上要依靠社会组织力量的推动才能真正开展群众文化活动。这里的社会组织力量主要包括群众文化活动社团、各类群众文化工作机构、大众传播工具等。依靠这些力量，将群众文化活动需求转化为丰富多彩、生动活泼的各项活动，形成群众文化活动兴盛的局面。如果只有社会基础，没有组织条件，那么无法通过丰富的活动满足群众的文化需求，从而制约群众文化活动的活跃。

（三）活动引导

许多群众文化活动都不是自发或自然而然地兴起的，而是产生于群众文化工作的引导。因为在一定经济文化条件下，要靠社会引导才能提高群众文化需求的程度，形成需求的集中点，达到群众文化活动高涨的局面。通过示范、辅导、引导文化消费，组织人们安排业余生活等手段，可以引导群众产生共同的文化需求和文化活动愿望，进而开展群众基础广泛的文化活动。这是群众文化活动形成的前提条件。

第三章 群众文化活动的组织

认识群众文化活动形成的基础条件后,就要不断创造条件来使能够满足群众文化需求的文化活动逐渐形成与兴起,这样可以使群众文化活动的兴起摆脱完全自发状态,克服主观主义和随意性的弊端。

二、我国群众文化活动的开展现状

当前,为加强群众文化建设,促进群众文化事业繁荣发展,全国各地不断开展丰富多彩的群众文化活动,人民群众的精神文化需要得到了一定的满足。但是在开展实践中依然存在一些比较普遍的问题,比如活动形式单一、宣传力度不足、从业者较少以及管理缺位等,这些问题严重制约了我国群众文化活动的顺利开展和活动效果。下面具体分析这些问题及其表现,以充分了解我国群众文化活动开展的不足与困境。

(一)文化活动形式单一

从目前我国各地开展的群众文化活动来看,内容明显比较单调,而且陈旧落后,形式也不够丰富、新颖。虽然有些艺术文化活动是由群众自发组织的,贴合群众实际,符合群众的精神文化需要,但是活动内涵比较浅显,有待挖掘,内涵不足的活动内容难以使群众真正的精神文化需求得到充分的满足。

此外,乡村基层文化艺术活动近年来如火如荼地开展着,但有些是为了响应上级号召而开展,主要是为了应付检查,完成任务,群众文化的价值没有得到真正发挥,群众文化活动的本质与初衷也被忽视,这严重影响了乡民积极参与活动的热情。

(二)活动宣传力度不足

群众文化活动对人民群众自身的发展具有重要作用与意义,但关于这一点,很多人都没有意识到,主要原因是关于群众文化活动的宣传不到位,专门的宣传比较少,所以很多群众参与群众文化活动的积极性不高,不愿意为此花费时间、精力,更不愿花钱购买有偿文化服务,导致社会群众文化氛围不够浓厚。

(三)基层文化从业者缺乏

群众文化活动的开展离不开大量基层文化从业人员的参与,但当前我国群众文化活动开展中存在着基层文化从业者严重缺乏的现象,尤其是活动内容的设计者和活动组织策划者,从业者缺乏是很多地方的一个共性问题,需要引起普遍重视。

基层群众文化从业人员较少直接影响群众文化活动的层次和水平,也影响了人民群众对群众文化活动的满意度。此外,现有的从业人员因为社会文化保障机制不够健全,所以在工作中的积极性也不高,影响了活动开展的水平与质量。所以,针对群众文化从业者的需要而健全与完善社会保障机制也是政府要考虑的重要问题。

(四)活动管理体系尚不健全

很多基层群众文化活动的组织与开展都是临时性的,事前没有周密的计划与细致的安排,缺乏管理,而且活动中也忽视了各方面的管理,活动结束后更是完全翻篇,导致活动前后和活动过程中出现的意外现象得不到及时处理,影响了活动的顺利开展和最终效果,也影响了参与者的体验。

三、我国群众文化活动发展的对策

针对现阶段我国群众文化活动开展的现状,需要从实际出发来逐一解决主要问题与矛盾,为促进我国群众文化活动的顺利开展与进一步发展出谋划策,提出可行建议。下面具体说明现实条件下我国群众文化活动发展的有效对策。

(一)丰富活动内容和形式

当前,我国群众文化活动内容比较陈旧,形式较为单一,因此人民群众日益增长的精神文化需求得不到满足。对此,需要不断丰富与创新群

第三章 群众文化活动的组织

众文化活动内容与形式,使活动内容越来越丰富,活动形式越来越多元、有新意,使人民群众在活动参与中有更多的选择空间,也能在活动中获得良好的体验。丰富群众文化活动内容与形式的要求如下。

第一,全面了解人民群众的精神文化需求,坚持以民为本原则,围绕群众的兴趣爱好和实际需求对群众文化活动的内容与形式进行有针对性的设计,开展能够吸引群众积极参与的活动内容,以多元化的形式呈现活动内容,使活动更有新意,质量得到提升。

第二,了解社会发展和人类文明进步的需要,有针对性地开展能够促进社会文化发展和人类文明进步的群众文化活动。

第三,在新时代,随着互联网技术在文化领域的渗透和新媒体技术的不断发展,可以利用互联网和新媒体资源的优势开展线上群众文化活动,使之与传统的线下活动形成互补,将二者结合起来,这样可以满足没有时间参加现场文化活动的人民群众的精神文化需求,使其利用网络平台参加自己喜欢的艺术交流、书法交流、歌唱比赛等文化活动。

(二)加大宣传力度

为促进群众文化活动的顺利开展,并吸引更多群众参与活动,要充分认识宣传教育的重要作用,加大对群众文化活动的宣传力度,具体从以下两个方面着手。

第一,在群众文化活动的组织策划阶段,有针对性地开展宣传工作,重点宣传活动时间、地点和内容,尽可能面向所有受众都通知到位,使有兴趣的群众准时准点参加群众文化活动。

第二,各地可以根据自身情况成立专门的部门来负责宣传群众文化活动,宣传与推广群众文化活动是该部门的主要工作职责。有关部门要从实际情况出发宣传一些重要的群众文化活动,宣传方式要灵活一些,常见方式有印制和发放宣传册、广播宣传、网络宣传、实地宣传等,将多种宣传手段结合起来运用,不断扩大宣传面,强化宣传效果,使重要的活动信息能够真正被需要的人及时获得,营造浓郁的社会文化氛围,成功调动群众参与文化活动的积极性。

(三)培养专业文艺骨干

在丰富与创新群众文化活动的内容与形式,并加大群众文化活动的宣传力度后,要保证群众文化活动开展的持续性,使活动的组织性更强、目的性更突出、活动效果更好,这就要培养一批专业的文艺骨干,使其在群众文化活动的组织策划及管理中发挥作用,提高活动效果。

为了培养专业文艺骨干,可以面向全社会对具有文化艺术专长的文艺工作者进行公开招聘,并将应聘合格的文化工作者纳入特聘辅导员队伍,政府相关部门也可以聘请从事文化教育工作的职业教师来培训群众文化骨干,在培训中将专业基础知识和基本技能作为重点培训内容,提高培训对象的专业文化知识水平和技能水平,使其有能力组织策划群众文化活动,并在活动管理方面发挥作用。

(四)加强活动管理

为保障群众文化活动顺利开展和达到预期效果,必须加强对群众文化活动的全面管理。新时代,人民群众日益增长的精神文化需求对群众文化活动的开展提出了越来越高的要求,只有重视对群众文化活动的科学管理、全过程管理、全方位管理,建立并完善群众文化活动管理体系,才能使群众文化活动的水平与质量达到群众心中的标准,满足不同群众的多层次精神文化需求。

在群众文化活动中加强管理要从以下两个方面来落实。

第一,成立专门负责管理群众文化活动的组织机构,鼓励各个社区、村社等建立基层群众文化管理队伍,定期组织管理队伍参加培训活动、交流活动、观摩活动,根据需要定期组织会议来商讨关于群众文化活动组织管理的相关事宜,积极落实各项组织与管理工作,其中包括活动开展前收集与整理民意的工作、活动中对各项资源加以利用的管理工作以及活动后的总结与分享工作。

第二,完善群众文化活动基础设施建设,并重视对基础设施的管理。基础文化设施是开展群众文化活动的基本物质保障,离开基础设施的支持,是无法顺利开展群众文化活动的。因此,有关部门要加大对基础文化设施建设的投入力度,不断改善基础文化设施条件,为群众文化活动的开展提供基础物质保障。此外,要提高基础设施的利用率,加大管理力度,避免资源浪费,定期维护与检修,及时修补,确保设施功能正常,可以安全使用,防止群众在活动中因设施故障发生意外。

四、我国群众文化活动的发展趋势

随着中国特色社会主义现代化建设的不断推进,我国群众文化活动越来越活跃在人民群众的日常生活中,人民群众的文化生活需求越来越强烈、多元,新时代我国群众文化活动迎来了良好的发展机遇,呈现出新的发展态势。下面简单概括我国群众文化活动的发展趋势。

(一)特色化区域"共建"文化活动成为重要活动形式

大多数群众文化活动是在社区、街道和乡镇特定的区域内组织与开展的,特色化区域"共建"文化活动内容更贴近大众生活,同时也促进了区域内部与区域之间的联系,取得了良好的活动效果。

(二)由"封闭"走向"开放"

在文化全球化背景下,随着群众文化市场的不断拓展与成熟,群众的文化消费心理越来越开放。流行歌曲、人体艺术等不仅是世界之热,也成了中国之热。有组织性、规模化的"人体艺术展"、画展等群众文化活动吸引着大量群众参观,人类的文化审美层次越来越高,审美心理顺应时代潮流,从封闭中解放出来。

(三)由"小文化"向"大文化"拓展

传统的群众文化活动常常被视为"文艺",如今的群众文化活动可以说集科、教、文、卫、体于一体,是传统群众文化与现代群众文化的结晶。现在的群众文化活动形式从原来的文艺演出、业余团队、办班和文学创作辅导拓展为现在的音乐茶座、电子游戏、艺术节和竞赛活动等,活动内容越来越多样化,传统群众文化形式与现代群众文化形式交相辉映,相得益彰，反映群众文化实现了从"小文化"向"大文化"的拓展。

(四)自娱自乐的活动受欢迎

现代人喜欢自娱自乐，所以参与型群众文化活动有大于接受型群众文化活动之势。如今，"广场舞大赛""现代风格服装设计表演赛""法律知识竞赛""文艺演唱比赛""艺术品收藏展评"等各种各样的群众文化竞赛活动层出不穷，它们能够满足群众的自娱自乐需求，为群众提供交流经验的平台，激发群众的进取心，使他们的视野更加开阔，也使其较高层次的精神文化生活需求得到一定的满足，因而越来越受人们的欢迎。

第三节 群众文化活动的原则与规律

一、群众文化活动的原则

(一)业余与自愿原则

群众文化活动具有业余性和自愿性，"业余"性可以使广大群众都参加活动，不受时间和工作的限制。"自愿"能照顾不同群众的兴趣爱好，使群众文化活动根植于群众之中，形成坚实的群众基础，而且有利于随着群众的意愿不断更替创新活动内容。

1. 业余原则

"业余"就是职业之余，即做好本职工作之余，如果不是在业余时间参加群众文化活动，而是整天参加，势必影响本职工作，违背群众文化活动的本质，这样无法使群众体育活动获得经常性、持久性的开展，还会引起群众反感，但也不要过于死板地理解"业余"二字，只要不减少工作时间和影响工作，如果遇到特殊的活动任务，在时间安排上可以灵活调整，

第三章　群众文化活动的组织

对文艺骨干来说尤其要注意这方面的灵活性,这为组织群众文化活动,尤其是业余文艺演出活动提供了便利。

随着科技水平的不断提高和社会主义现代化建设的深入推进,群众的劳动时间将逐渐缩短,业余文化活动时间有所增加,从而使群众有更多的时间参加群众文化活动,群众文化活动的参与者将越来越多。

2. 自愿原则

群众文化活动的开展要坚持"自愿"原则,即按照群众的实际需要和意愿开展文化活动,应该积极主动地去办群众热心的事,不能勉强群众去做不感兴趣的事。要注意的是,个人或少数人的爱好不能代替群众的爱好,避免采用行政命令硬性规定群众必须完成文化活动任务,否则会违背活动的本质,失去群众基础。

但是,"自愿"不等于没有组织、没有领导,完全"自生自灭",而是要在发挥群众主观能动性、积极主动性、创造性的基础上,对其参与活动的动机、行为进行引导,贯彻开展群众文化活动的指导思想,防止群众文化活动出现偏差。

(二)健康有益原则

健康有益是群众文化活动的重要前提。一项活动对人民群众的身心健康是否有益,是判断能否开展这项活动的首要标准。有益无害的群众文化活动要积极开展,这类活动能够使群众智力得到开发,获得美的享受,陶冶情操,提高身体素质和启迪思想,如果没有这些功效,则不要开展。

我们要严格划分有益群众文化活动和有害群众文化活动的界限,还要考虑群众文化活动无益也无害,益害并存的现象,充分贯彻"健康有益"的原则。

(三)形式多样原则

群众文化活动的形式必须多种多样,这是活动性质的基本要求。群众文化活动具有群众性,不同的群众存在各种各样的差异,如年龄、爱好、习惯、地理位置、经济条件、风俗习惯及民族个性等。这要求群众文化活动的形式应该是丰富多样的,包括活动规模有大有小,活动项目多姿多彩,活动的组织形式活泼生动等。总之,形式多样的群众文化活动应该呈现出百花齐放、千姿百态的形态。

相对来说,小型的群众文化活动开展起来更方便一些,但如果一味追求小型多样,就会限制较大规模的群众文化活动开展。而且活动的规模是相对而言,没有具体的标准去判断活动的规模是属于小型的,还是中型或大型的。此外,随着社会的不断进步,尤其是经济的快速发展,我国的文化制度越来越健全,文化设施也不断完善,为大中型群众文化活动的开展提供了良好的条件,所以在现实条件下,开展形式多样的不同规模的群众文化活动是可行的。

(四)以人为本原则

使广大人民群众的精神文化生活需求得到满足是群众文化活动的根本立足点和出发点,这是群众文化活动贯彻以人为本原则的集中体现。贯彻该原则要做到以下几点:

(1)对群众的文化需求有所了解,立足实际开展丰富的活动项目,满足群众需求。

(2)建立群众文化活动的选择机制,尊重群众的自主选择权、参与权,使群众选择自己喜欢和感兴趣的活动项目,重点开展群众选择的项目,这样可以尽可能满足更多群众的真实需求。

(3)建立群众文化活动的评价机制,由群众作为评价主体,根据群众的满意度来判断活动效果,并从群众提出的建议或意见出发不断改进活动内容,提高活动质量。

(五)勤俭节约原则

开展群众文化活动要坚持"勤俭节约"的原则,不管是在经济落后的历史时期,还是在经济快速发展的今天,不管经济落后地区还是经济发达城市,群众文化活动的这条原则都是坚定而不可动摇的。勤俭节约是中华民族的传统美德,在群众文化活动的开展中坚持这项原则,具有重要的经济意义和社会意义。

开展群众文化活动,要保证基本人力、物力和财力资源的投入,但坚决反对大手大脚,铺张浪费,否则会增加政府和群众的负担。

(六)以基层为主原则

在社会主义初级阶段,我国应该将基层和农村作为群众文化活动的重点。基层和农村是群众文化发展的基础,但是目前来看,文化资源较为短缺、基层文化站活动能力较弱的农村地区依然是群众文化活动的薄弱环节,所以要想夯实群众文化发展的基础,就必须重视基层和农村在群众文化活动中的重要地位,加强对基层和农村的群众文化活动机制的建立与完善,实现基层和农村群众文化活动的普遍化、常态化。

二、群众文化活动的基本规律

群众文化活动在长期的发展历史中形成了自身独特的规律,组织与开展群众文化活动必须遵循群众文化活动的规律,其中也包括尊重群众文化活动的特点,贯彻群众文化活动的原则。具体来说,开展群众文化活动要遵循以下规律。

(一)群众文化需求与群众文化活动相互作用的规律

群众文化需求和群众文化活动之间是相互作用的,群众文化活动的发展直接取决于群众文化需求,反过来,群众文化需求的量与质在群众文化活动的刺激下不断增长,新的文化需求不断被激发,二者形成良性循环,不断促进群众文化的发展。

群众文化活动主体在需要和动机的刺激下组织与参与群众文化活动,当活动开展之后,主体的需求获得满足,接着新的文化需要又会产生。而且新的文化需要数量多,层次高,有对活动品质的追求,这是社会主义物质文明和精神文明建设的结果,新的需求直接推动群众文化活动质量的不断提升和层次的不断丰富。

不断举行群众文化活动能够提升群众文化活动的组织能力和策划能力,提高了的能力又会作用于群众,使新的文化需要得以产生,新的动机和内在需要进而再次成为群众文化活动水平上升的直接动力。

(二)群众文化活动与客观环境相互作用的规律

1. 客观环境对群众文化活动的影响

群众文化的形成与发展对客观环境有很强的依赖性,客观环境对群众文化活动的开展有很大的影响,其中影响较大的客观环境因素主要表现在以下几方面。

(1)自然环境

自然环境是群众文化活动内容、形式存在的基础,对人们选择群众文化活动内容有直接影响。

(2)政策环境

政策环境为群众文化活动的健康发展提供生存空间,在正确的方针与政策指引下开展群众文化活动,使活动所需的资源有所保障,并保障群众文化服务质量。

(3)经济环境

经济环境为群众文化活动开展提供需求动力和物质条件,对群众文化活动的发展水平、运行模式以及群众对活动的需求程度有决定性影响。良好的经济环境能够为开展群众文化活动、满足群众文化需求提供优良的物质条件和基础物质保障。

(4)文化环境

文化环境是群众文化生存的根基,对群众文化活动的发展方向和价值取向有重要影响。

(5)安全环境

安全环境可以为群众文化提供良好的活动空间,使群众在和谐、欢乐的氛围中获得享受,保障活动主体的安全和国家文化信息的安全。

(6)科技环境

科技环境可以为群众文化活动的开展提供技术支撑,运用现代科技成果能够不断丰富与创新群众文化活动内容和服务方式,激发人们的文化消费热情。

2. 群众文化活动对客观环境的反作用

开展健康的群众文化活动能够进一步优化客观环境,获得良好的综合效益。而如果群众文化活动与健康有益的原则背道而驰,则会严重破坏客观环境。

总之,群众文化活动与客观环境相互影响、相互制约。

(三)群众文化活动与活动客观条件相互作用的规律

群众文化活动的开展需要具备基本的客观条件,大型群众文化活动的开展在这方面的要求更高一些。这里所说的客观条件是指场地设施、资金、人力资源、交通、信息等因素,群众文化活动能否顺利开展,与这些客观条件息息相关,因此开展群众文化活动要遵循群众文化活动与活动客观条件相互制约的规律,这项规律主要表现在两个方面。

第一,在群众文化活动的组织策划阶段,必须对影响其开展的客观条件予以考虑,依据客观条件选择相应的组织形式、活动规模,不能脱离实际而盲目追求大规模。

第二,通过开展群众文化活动可以促进相关客观条件的改善,创造更加能够满足活动需要的客观条件。有时因为客观条件的限制,只能开展小规模、小范围的群众文化活动,而随着活动的成熟和受关注度的提升,政府与社会都将为改善客观条件而付诸努力,而且为开展大规模、大范围的群众文化活动提供良好的客观条件。

第四节 群众文化活动的具体组织形式

群众文化活动的组织形式多种多样,比较常见的有群众文娱活动、群众民俗活动、群众教育活动以及群众体育活动,下面主要分析这些组织形式。

一、群众文娱活动

(一)文学活动

这类活动的常见组织形式有:
(1)开展丰富多彩的征文活动。
(2)组织社区、街道、企业、学校等单位的文学爱好者参加文学讲座、培训等活动。
(3)创办小报、刊物等社会性文化阵地活动。

(二)音乐、舞蹈活动

这类活动的常见组织形式有:
(1)开展各种音乐、舞蹈的表演、比赛活动。
(2)组织社区、街道、学校、企业等单位的音乐和舞蹈爱好者参加以音乐、舞蹈为主要内容的各种讲座、培训以及交流等活动。
(3)在政府组织的重大节日庆祝活动、民间庆典活动中组织广大文艺爱好者参加音乐、舞蹈活动。

(三)书法、绘画、摄影活动

这类活动的常见组织形式有:
(1)开展各种书法、绘画、摄影的展览、比赛活动。
(2)组织社区、街道、学校、企业等单位的艺术爱好者参加以书法、绘画、摄影为主要内容的讲座、培训等活动。
(3)按照"请进来,走出去"的原则要求,广泛开展群众书法、绘画、摄影等交流活动。

二、群众民俗活动

民俗是指一个民族或一个社会群体在长期的生产实践和社会生活

中逐渐形成并世代相传、较为稳定的文化事项,可以简单概括为民间流行的风尚、习俗。群众民俗活动的内容见表3-1。

表 3-1　群众民俗活动的内容①

群众民俗活动类型	具体内容
艺术民俗活动	(1)民俗展示会 (2)民间秧歌大赛等
服饰民俗活动	(1)少数民族服饰展示会 (2)群众服饰展览会等
饮食民俗活动	(1)中秋赏月品风味小吃活动 (2)端午节品粽子等
娱乐民俗活动	(1)民俗演义 (2)乡镇庙会等

三、群众教育活动

群众教育活动也是群众文化活动的重要组成部分,其主要包括以下组织形式和内容:

(1)思想道德教育活动。

(2)法律知识宣传活动。

(3)生活知识和技艺传授活动。

(4)科技知识普及活动。

(5)职业技能训练活动。

(6)艺术审美教育活动。

(7)心理咨询活动等。

---

① 黄丽．新时期群众文化研究[M]．银川:宁夏人民出版社,2014．

四、群众体育活动

(一)群众体育活动的内容

群众体育活动主要是指社会体育活动,是指居民为强身健体、愉悦身心、娱乐休闲、社会交往、医疗保健而参与的内容丰富、形式多样的身体锻炼活动。群众体育的领域随着群众文化的不断发展而越来越广泛。而且,随着现代健康观的不断发展,群众的健康意识不断增强,健康消费能力也不断提升,体育作为强身健体、医疗保健的重要手段,受到了人民群众的广泛青睐。当前,群众体育活动的内容越来越丰富,能够充分满足不同群众的体育需求。群众体育活动的分类与内容见表3-2。

表3-2 群众体育活动的分类与内容①

分类依据	主要内容
区域特征	城市体育活动
	乡镇体育活动
	农村体育活动
年龄	婴幼儿体育活动
	儿童少年体育活动
	青年体育活动
	中年体育活动
	老年体育活动
性别	女子体育活动
	男子体育活动
职业	职工体育活动
	农民体育活动
	军人体育活动

① 石振怀. 群众文化工作实务[M]. 北京:北京师范大学出版社,2013.

第三章 群众文化活动的组织

续表

分类依据	主要内容
健康状况	正常人体育活动
	残障人体育活动
活动场所	家庭体育活动
	社区体育活动
	企业体育活动

(二)群众体育活动的特点

群众体育活动具有以下几项基本特征。

1. 健身性与娱乐性

群众体育活动最直接的效果就是参与主体通过直接身体活动使自身达到强身健体、身心愉悦、结交朋友、陶冶情操的良好效果。可见群众体育活动具有突出的健身性和娱乐性,具有重要的健身价值和娱乐价值。其中健身性又是群众体育活动与其他群众文化活动相区别的本质特征。

人具有身心合一的特点,所以人参与体育活动所达到的健身效果和娱乐效果也是统一的。身体健康才能精神健康,精神健康孕育于身体健康中。体育活动对人的身体有直接的作用,进而对人的精神产生积极作用,促进身心健康和精神愉悦。融健身性与娱乐性于一体的群众体育在社会中占有非常重要的地位,是其他文化活动所不可替代的。

2. 余暇性与主动性

人们在自己可自由支配的闲暇时间参加社会体育活动,它不像学习、工作那样有强制性,是人们自由选择参加的一种文化活动。不管是活动时间、活动地点、活动内容还是活动方式都可以在一定条件下自由选择,完全出于自愿原则,没有任何被动强迫。

在全民健身背景下,我国也只是倡导公民参加体育活动,而不是强制规定每个公民都必须参加体育活动,否则就违背了群众体育的初衷。人们参加群众体育活动是一种自觉主动的、相对自由的选择。

3. 多样性与灵活性

我国地域辽阔,人口数量庞大,各地经济、文化发展水平不平衡,因而不同地区的人有不同的体育需求。为满足不同地区、不同群体的不同体育需求,群众体育的组织形式、活动内容越来越丰富多彩,开展群众体育活动也必须贯彻因地、因时、因人制宜的原则,避免群众体育活动的盲目性。在我国群众体育的发展历史中,人民群众创造了丰富灿烂的体育文化活动来达到强身健体、娱乐休闲以及扩大社交的目的。

群众体育活动不仅内容丰富多样,而且组织形式非常灵活,各地可以根据实际条件采用体育教学、体育训练、体育运动会、体育文化节等各种组织方式来开展群众体育活动。

(三)群众体育活动的组织计划

开展群众体育活动应该具有计划性、组织性、目的性,从而使群众体育活动过程按理想的方式去运行,提高群众体育活动的开展效果,达到预期目的。群众体育活动的组织计划流程如下。

1. 制定制度规范

群众体育活动相关制度规范能够为体育活动的顺利开展提供法律保障。制定这方面的制度规范必须从整体效益考虑,保障群众体育活动的可行性。制定社会体育组织管理部门的制度规范时,要明确各部门、工作人员的管理职责、义务以及权限,明确分工,促进群众体育活动组织的高效运作。

2. 制定工作流程

制定工作流程是实现群众体育活动组织与管理工作任务、预期目标的重要路径。在工作流程中要理清群众体育活动组织系统中各项工作任务之间的关系,合理安排工作步骤。工作流程要统一安排,综合考量各方面的影响因素,各项工作环节要前后衔接,紧密结合。

第三章 群众文化活动的组织

3. 选择活动内容

开展群众体育活动,关键是要科学选择活动项目与内容,使参与主体真正体会活动乐趣,改善和提高身心健康水平,享受娱乐放松。对群众体育活动组织管理部门来说,要科学选择适合目标人群的体育活动内容,综合考虑参与者的年龄、性别、职业、兴趣爱好、经济条件、运动能力、体质情况等来安排丰富多样的活动内容。对于参与主体来讲,要有针对性地选择适合自己的活动内容、方法,满足自身的参与愿望。

4. 及时调整计划

群众体育活动参与者众多、场地器材投入多,而且不可避免地存在一些安全隐患,因此组织社会体育活动必须提前制定风险预警机制,准备好预防措施,也要引导参与者通过活动前热身、活动中自我监督以及活动后放松整理等方式来预防运动损伤。

群众体育组织流程在遇到突发情况时很难按原计划继续运作,当出现特殊情况时,要及时调整活动计划,使体育活动继续朝着预期的目标和理想的方向进行下去。

第四章　群众文化活动的管理

群众文化活动内容丰富,形式复杂,参与者众多,因此必须加强引导、监督与防范,保证群众文化活动的顺利开展与健康发展。无论是组织引导,还是监督与防范,都属于管理的范畴。也就是说,加强对群众文化活动的管理,对促进群众文化活动的有序开展及保障活动效果具有重要意义。本章重点对群众文化活动的管理展开研究,首先分析群众文化组织机构及其职能,然后重点对群众文化工作者的素质与培养、群众文化工作的社会管理与方法进行探讨。

第一节　群众文化组织机构及相关职能

我国群众文化组织机构类型多样,既有行政组织机构,也有事业组织机构;既有全民性质的事业机构,也有集体、个人性质的事业机构;既有群众自动组合的文化组织,也有以家庭为主的文化专业户。各种类型的组织机构中,发挥主要职能、起重要作用的组织机构有行政领导机构、事业机构和协调机构。

一、行政领导机构

(一)机构概述

群众文化组织的行政领导机构是指国务院和地方各级政府的群众

第四章 群众文化活动的管理

文化事业管理机构,如文化部社会文化艺术事业管理局,省市文化厅所属的社会团体(群众文化处,地、县文化局所属的社会文化科),部队系统、共青团系统、工会系统的各级文化宣传主管部门等。

(二)主要职能

群众文化行政领导机构在群众文化建设中主要发挥以下四个方面的重要职能:

1. 计划职能

群众文化工作内容庞杂,需要行政领导机构进行系统规划。群众文化工作的开展需要一定的经费,专项经费的划拨、使用需要由财政部门按计划落实,各地要根据本地经济发展水平为群众文化工作的开展投入一定数额的经费,不能不顾地方经济力量而盲目投入,必须做好经费管理工作,而经费管理的第一要务就是做好经费投入和使用计划。

群众文化行政领导机构行使计划职能时,具体通过决策、决议、指示、安排等方式来行使。无论是社会群众文化治理,还是个别文化阵地管理,都离不开行政机构的宏观计划。即使是一个文化馆开展群众文化活动,实施馆内管理,都要有计划地进行。计划是否合理、完备,在很大程度上决定着文化馆工作开展得好坏和工作任务的完成程度。文化馆每年都要制订年度工作计划,并以此为基础进一步细化计划,出台季度工作计划、月工作计划,而且有些单项文化活动也有单独的计划,行政管理部门充分发挥计划职能,能够使群众文化工作的开展少走弯路,提高工作效率。

2. 组织职能

计划的实施是一个动态的过程,在这个过程中组织工作至关重要,如果没有组织的过程,计划就是空谈,无法成为现实。而且不仅要组织,还要组织周到,否则计划的实施就会受到影响,计划的目标就无法达到预期。因此,组织职能也是群众文化行政领导机构不可或缺的一项重要职能。有关部门在计划实施的整个过程中都要贯彻执行组织职能,并将组织职能与领导职能统一起来。

3. 控制职能

行政领导机构监督与检查群众文化活动的职能就是控制职能。行使控制职能主要包括计划实施控制和活动内容控制两个方面,前者是监督有关单位严格按计划开展工作;后者是检查活动内容是否与社会主义精神文明建设的利益要求及人民群众的精神文化需求相符。

4. 协调职能

群众文化工作复杂,涉及范围广,涉及人群多,只靠文化行政部门来负担所有工作任务是很难的,因此需要加强文化部门与其他行政部门的横向联系,使有关部门相互配合、共同工作,在这个过程中要将各个部门之间的关系协调好,明确各自的分工与职责,并确定协作模式,最终使群众文化工作圆满完成。

文化行政部门与其他行政部门横向联系、协同工作是社会主义初级阶段国情的必然要求,因为只依靠文化部门来开展群众文化工作,会增加文化部门的财政压力、人力压力及其他资源压力,而如果可以将任务分散到不同部门,那么可以调动各部门的资源来协同完成工作,促进群众文化活动的顺利开展。

二、事业机构

(一)机构概述

群众文化事业机构是指国办群众文化事业单位,如省、地群众艺术馆,县(区)文化馆,公共图书馆,共青团系统的青年宫、少年宫,工会系统的工人文化宫、工人俱乐部,军队系统的军人俱乐部、军人之家等专业性群众文化事业机构。

群众文化事业机构在整个群众文化组织机构中居于骨架支柱的地位,其主要任务是通过自办的各种文化活动及其所进行的组织、辅导、研究、服务等工作,推动群众文化工作全面开展。

（二）主要职能

群众文化事业机构的职能集中体现在组织与辅导职能上。群众文化事业机构类型比较多，无论是哪种类型的事业机构，在群众文化工作中都会安排专业人员组织与辅导，这样才能顺利开展群众文化活动。例如，举办文艺晚会、展览、读书指导、游艺活动、业余演出等，都要在组织的基础上进行辅导，如果只组织，没有专人辅导，那么组织效果就会大打折扣。组织与辅导同等重要，缺一不可。

在群众文化事业机构行使组织与辅导职能的过程中，有时会将组织与辅导工作对等起来，其实二者的重点是不同的，只是某些部分有重叠，可以画等号。组织工作与辅导工作的内容见表 4-1。

表 4-1　组织工作与辅导工作的内容[①]

群众文化事业机构的职能	工作内容
组织	发动宣传 制订计划 物资准备 人事安排 维持秩序 解决矛盾
辅导	传授知识 指导业务 技术培训 修改作品

在群众文化事业机构工作中，组织与辅导相辅相成、密不可分，由事业机构负责开展的群众文化活动，既需要机构有序组织，也需要机构安排专业人员开展辅导工作，二者应该是并存的。但有时在群众文化活动中，组织活动与辅导活动的轻重是有差异的，需要根据活动内容、活动需

[①] 李雷鸣. 群众文化理论与实务[M]. 现代出版社，2019.

要和活动目的去决定哪个占主要地位,哪个是从属地位,有针对性地做出权衡,且无论以哪个为主,都要保证二者的共存,不能将二者完全割裂开来。

从群众文化活动开展实践来看,组织与辅导的顺序基本上是组织、辅导—辅导、组织—不断组织、不断辅导……这个顺序要延续到活动结束。只有重视对组织与辅导的有机结合,群众文化活动才能顺利开展。

三、协调机构

(一)机构概述

群众文化协调机构主要是指各级群众文化工作委员会,它们主要发挥协调作用。协调机构是在地方党委领导下,由政府牵头,由分管文教工作的党政领导人负责,包括文化、教育、城建、园林、财政、公安、卫生等部门和工会、共青团、体委、妇联、科协等组织负责人参加的组织机构,这类组织机构的主要任务包括:

(1)规划群众文化设施建设。
(2)协调安排重大群众文化活动。
(3)协商解决各部门的问题等。

(二)主要职能

群众文化协调机构具有以下几方面的重要职能:

(1)对党和国家关于群众文化发展的政策、方针积极贯彻与执行,从战略高度部署群众文化工作计划,制定群众文化长期发展、中期发展与短期发展的相关规则。
(2)对综合性群众文化活动、单项群众文化活动的开展进行指挥,或者对长期群众文化活动、临时群众文化活动的开展进行指挥。
(3)对群众文化活动开展中执行相关政策与方针的情况进行监督与检查,对活动中的主要问题要及时采取措施加以解决,保证群众文化活动在正确方向上获得发展。

(4)综合布局群众文化活动开展中的基础建设工作,对人力资源进行调配,发挥各项资源的优势与作用。

第二节 群众文化工作者的素质及其培养

一、群众文化工作概述

(一)群众文化工作的概念

群众文化工作是公共文化服务体系的重要组成部分,是群众文化的有关部门、专门机构和工作者所从事的领导、指导、管理、组织、辅导和研究群众文化活动的社会化行为。[①] 群众文化工作的有序开展对促进群众文化繁荣发展具有重要意义。

(二)群众文化工作的作用

1. 引导群众文化的发展方向

不同国家和不同社会历史时期群众文化的发展情况不同。在一定条件下,群众文化的发展有一个方向性问题。群众文化的发展方向从根本上来说是由一个国家的社会制度和整个社会生产力水平决定的。群众文化工作在引导群众文化发展方向中具有重要的导向作用。群众文化工作系统有效引导群众文化的发展方向,主要是通过舆论引导、政策引导、法规引导和培训文化工作者等方式实现的。

如果没有正确的群众文化工作,会导致群众文化活动放任自流,使其发展方向出现偏差,甚至发生性质的变异。对于处于社会主义初级阶

[①] 石振怀. 群众文化工作实务[M]. 北京:北京师范大学出版社,2013.

段的我国来说,发挥群众文化工作的正确导向作用来引导群众文化活动的发展方向至关重要,这是保持群众文化健康发展的基础与前提。

2. 调控群众文化的发展规模和速度

群众文化的发展速度、规模和诸多社会因素有关。适当的发展速度与适度大小的规模有助于使群众文化与社会其他领域的发展变化相协调,因此需要通过群众文化工作来调控群众文化的发展速度与规模。通过群众文化工作系统,依靠经济手段、行政手段、法律手段、宣传手段和业务手段等使群众文化在规模、内部结构及发展速度上处于合理状态。

3. 提高群众文化水平与质量

群众文化工作有助于促进群众文化水平与质量的提高,具体表现在以下几方面:

第一,群众文化工作系统通过竞赛评比、奖励等手段表彰和肯定优良群众文化活动项目、组织和杰出人才。

第二,通过竞赛评比、客观分析,抵制、取消不良群众文化活动项目。

第三,通过竞赛评比,引领水平不高的群众文化活动项目不断改进。

总之,群众文化工作对促进群众文化发展有重要作用,发挥群众文化工作的重要作用,将使群众文化在自发状态下迅猛发展。

二、群众文化工作者的含义与组成

群众文化工作者是指以某种方式有目的地影响群众文化发展的人。群众文化工作者的构成包括:

(1)群众文化工作领导机构中的领导人员。

(2)群众文化管理机构中的各类管理人员。

(3)群众文化事业中的管理人员和各类专业人员。

(4)群众文化活动的各种辅导人员。

(5)群众文化的各种创作人员。

(6)基层群众文化活动的组织人员。

(7)社会各界自愿为发展群众文化而承担某些群众文化工作的人士。

(8)各种专业和群众性的群众文化研究组织中的研究人员。

第四章 群众文化活动的管理

随着群众文化工作的不断完善和群众文化的繁荣发展,群众文化工作者的队伍将会越来越壮大,吸引更多的社会成员加入。

三、群众文化工作者的主要素质

群众文化工作能否顺利开展、开展后能否取得良好的效果,关键在于群众文化工作者的素质是否符合要求,综合素质水平如何,具体表现在思想品质、工作作风、业务知识和工作技能等几个素质中。

随着群众文化工作的不断发展,要求群众文化工作者具备更高的素质才能胜任工作,而且要求越来越严格,不允许不符合岗位需求的工作者在岗位上滥竽充数,做自己不熟练或不精通的业务工作。每个岗位的工作者都要具备符合该岗位需求的专业素质,不同岗位对从业者专业素质的要求有一定区别,因此既要培养群众文化工作者的综合素质,又要根据岗位需求有侧重地培养某个方面的专业素质,使工作者在其岗位上充分发挥价值,做出贡献,促进群众文化工作的有效开展。

下面对群众文化工作者的主要素质进行分析。

(一)思想品质

群众文化工作者良好的思想品质表现为坚持党和国家关于群众文化的基本方针政策,努力学习先进思想,善于运用正确的立场、观点与方法分析处理群众文化工作中的各种问题。同时,有良好的职业道德,忠诚于党的群众文化工作事业,对工作有高度责任心。

(二)工作作风

群众文化工作的特点决定了群众文化工作者优良的工作作风主要表现为密切联系群众,发扬民主作风,善于做群众工作。群众文化工作的对象是群众,基本任务是动员群众自觉参加健康的文化活动,发展健康的群众文化。所以对群众文化工作者的基本要求是联系群众,了解群众,依靠群众,善于引导、启发群众。培养群众文化工作者良好工作作风的根本在于发扬群众路线的作风。

（三）业务知识

随着群众文化的不断发展,群众文化现象日益丰富和复杂,群众文化工作涉及的学科知识也日益繁杂,因此,群众文化工作者要不断学习有关学科与理论中关于文化艺术和群众工作的论述,学习中外文化发展史,了解当代中外文化思潮,还要学习基本的管理知识,尤其要学习"群众文化史""群众文化工作""群众文化管理"这些专门知识,提高自身业务知识水平,以适应群众文化工作。

（四）工作技能

群众文化工作者是一种社会工程型人才,必须要有实践操作能力,从而使群众文化活动活跃起来,提高群众文化活动水平。群众文化工作者的工作技能主要包括：

(1)分析群众文化需求动向的能力；
(2)设计和组织群众文化活动的能力；
(3)培训群众文化活动骨干的能力；
(4)研究群众文化管理政策的能力等。

四、群众文化工作者的培养

思想品质崇高、工作作风优良、业务知识扎实、工作技能较强的群众文化工作者才是社会主义国家所需要的专门人才。要建设这样的人才队伍,推动群众文化工作发展,就必须加强对这类人才的培养,促进他们成长、成才,使其在群众文化工作中发光发热。

群众文化工作者的培养方式主要有以下几种。

（一）正规培训

有关部门要坚持德、智、能全面发展的培养方针,采取正规手段对群众文化工作者进行培训。

首先,组织培训对象对文化理论、群众文化工作的历史与传统以及

第四章 群众文化活动的管理

党关于文化工作的方针、政策加以系统学习。

其次,根据岗位分工开设专业课程,如群众文化工作原理课程、群众文化历史课程、群众文化管理课程等,使培训对象对群众文化的本质、发展历史、发展规律与特征;群众文化工作原理以及群众文化工作的基本方法、管理方法等形成理论上的认识与实践上的掌握。

最后,通过社会实践来培养培训对象的工作能力,如对群众文化活动的组织设计能力、文化市场管理能力等。

(二)强化训练

为了促进群众文化工作者专业素质的提高,在正规培训的基础上还要进一步强化训练,强化训练具有短期性、集中性,重点对某方面的素质进行强化,这需要以有关院校或群众文化工作者协会等组织为依托,利用专业机构的资源来加以训练。

例如,有的群众文化工作者主要负责引导青年文化需求的工作,为了提高这部分工作者的专业能力,可以举办短期培训班,集中训练与青年文化、文化工作有关的理论知识和实践技能,使培养对象对青年文化思潮的动向有清晰的了解,参与关于正确引导青年文化需求策略的集中研讨工作,使其这方面的素质得到集中锻炼和有效提升。

此外,可以开设短期培训班来组织群众文化工作者集中时间学习文化管理原理与方法,将真实案例、情景模拟引进培训课程中,从而提升培养对象的文化管理能力,使其尽快适应文化市场的管理工作。

(三)交流、观摩和研讨

通过组织交流、观摩与研讨活动,为群众文化工作者建立沟通、交流的平台,提供研讨与观摩的机会,使其在交流中相互学习、相互借鉴、共同进步。当前,我国接受过正规培训的群众文化工作者非常少,主要原因在于专门的教育机构和教育设施十分有限,缺少专门的教育资源,而且群众文化工作队伍的流动性较大,不够稳定,交替速度快。对此,培养与提高群众文化工作者的素质时,选择交流、观摩和研讨活动是非常合适的。有关部门应积极组织开展这类活动,扩大交流研讨活动的规模,提高活动质量,从而提高培养效果。

第三节　群众文化工作的社会管理与方法

一、群众文化工作社会管理的基本原则

(一)以满足人民群众的精神生活需要为根本目的

社会主义建设的目的是满足人民群众对物质生活的需要和对文化生活的需要。社会文明发展到一定高度的一个标志是人民群众享受丰富多彩、高尚健康、振奋精神的文化生活。因此,通过群众文化工作管理,要为人们提供休闲娱乐、学习、社交和进行创造性活动的环境和条件,充分满足其文化生活需求和内在精神需求。

(二)将政府办文化与社会办文化结合起来

在社会主义初级阶段,坚持政府办文化与社会办文化相结合是我国繁荣群众文化的必然之举。群众文化工作量大、面广,仅靠政府文化事业机构开展工作很难使群众日益增长的文化需求得到满足,因此必须动员全社会力量参与,共同发展社会"大文化"。

政府办文化是群众文化的主体,对社会办文化具有指导作用、示范作用;政府办文化由政府拨款。作为政府办文化的补充,社会办文化主要由社会筹资,在管理上,可以采用行政手段宏观控制社会办文化,同时运用市场调节机制搞活社会文化市场。

(三)统一领导、全面管理

群众文化系统是一个统一的整体,它一方面同外界社会各种因素保持着复杂的关系;另一方面其内部本身就是一个由诸多相互联系的因素

第四章　群众文化活动的管理

构成的网络体系。因此,对群众文化工作的有效管理必须坚持统一领导和全面管理相结合的原则。

1. 统一领导

明确群众文化工作系统内部应该大力发展、重点扶持、适当压缩、实行有偿服务或免费服务等项目内容,统一规划,统一政策,统一宏观控制,使群众文化工作适应社会发展。

2. 全面管理

对群众文化工作制订长期发展规划、中期发展规划和近期发展规划,规定各个时期的工作目标,保证群众文化工作系统有序运行,并与外界相关部门协调互动。

二、群众文化工作社会管理的基本内容

(一)群众文化活动管理

群众文化活动是群众文化工作中最宽广的领域,参与人数多,情况复杂,需要采取科学办法加强管理,这对促进群众文化工作成效的提升具有非常重要的作用。

群众文化活动管理主要包括下列两种形式。

1. 区域式管理

群众文化活动的区域式管理是将群众文化活动举办的地域空间作为基本的管理划分方式,按照区域空间的管理范围科学组合、匹配和协调群众文化活动组织开展中的各个要素,从而在一定活动空间内有效进行综合性活动管理,确保能够顺利开展活动。

采用区域式管理方式,有利于统一管理一定地域范围内,特别是基层举办的关联密切的群众文化活动,并能将群众文化活动的地域性特征体现出来。区域式管理适用于在确定的地域空间内比较集中地举办的

群众文化活动,如社区和村文化活动、群众游园活动等。

2. 总分式管理

总分式管理是指采用宏观管理与微观管理相结合的方式对大型群众文化活动、系列群众文化活动实施的管理,这是对一个大的主题活动下开展的若干分项活动进行管理的方式,常用于对综合性艺术节活动、大型主题活动的管理中。

总分式管理具体包括下列两种方式。

(1)总体管理

对群众文化活动的总体管理侧重宏观管理,即统一管理各项活动的共性部分,包括活动方向与原则、活动主题与内容、活动组织与形式以及活动要求与规则等。

(2)分项管理

对群众文化活动的分项管理侧重微观管理,即具体管理整体活动中的某项活动。

总体管理与分项管理关系密切,相辅相成,前者指导和调节后者,后者细化和解释前者,二者缺一不可。

(二)群众文化事业管理

群众文化事业是开展群众文化工作的重要依托,在群众文化工作管理中要重视事业管理的地位与作用,加强群众文化事业管理,具体从以下几方面来落实管理工作。

第一,制定科学的群众文化事业发展政策与合理的发展规划,对重点群众文化事业加以扶持,对过于膨胀的一般性文化事业要加以限制,采取有效方式来完善群众文化事业的布局和规模,优化群众文化事业的种类和格局,经过分析与判断,将不符合现实条件、不适应社会发展要求的群众文化事业机构取消。

第二,群众文化事业机构的日常运行都有自己的规则,要加强这方面的管理,对文化单位的行为加以规范,明确规定哪些行为是不允许发生的。此外,要明确文化单位的发展方向、组织领导体制、基本任务、主要功能、主要业务等,保证文化单位的活动有序开展。

(三)群众文化专业队伍管理

在群众文化活动开展中,群众文化队伍是不可或缺的重要载体,从各种类型的群众文化活动开展情况来看,由群众文化队伍开展的文化活动占据很大的比例,为进一步推动群众文化活动的开展和群众文化工作的开展,需要加强对群众文化队伍的管理,这是群众文化业务管理的重点。

对群众文化队伍进行管理,关键要对其进行培训,提升专业素质,同时还要进行考核,以检验培训效果。下面主要对群众文化专业队伍的培训与考核进行分析。

1. 队伍培训

政府文化主管部门要将培训群众文化专业队伍的工作负责起来,以时代与社会发展的要求、党和国家的文化政策、群众文化发展的需要等为依据开展培训工作,抓住群众文化专业队伍的共性特征,在岗位培训与继续教育中主抓薄弱环节,从而提升队伍的整体水平。

(1)培训内容

面向群众文化专业队伍进行培训时,主要应对以下内容进行培训:

①国家文化政策和法律法规。

②公共文化服务体系建设。

③群众文化基础理论和专业知识。

④群众文化艺术的各类专业知识和技能等。

(2)培训要点

首先,了解群众文化专业队伍成员从事岗位的类别,根据不同岗位的特点、要求进行分类培训,贯彻区别对待的培训原则,针对不同岗位的从业者选取不同的培训内容与培训方式。

其次,以专业人员的职称类别为依据对相应的培训班、培训课程进行设置,如面向初级职称的人员开设"基础培训班"、面向中级职称的人员开设"提高培训班"、面向高级职称的人员开设"研修班"。

最后,对培训成果进行考核,对不同岗位的从业者采取的考核方式要有所区别,根据考核结果表彰成绩优秀的人员,并鼓励其他人员继续努力，不断提升自己。

2. 队伍考核

在群众文化专业队伍管理中，还要重视对群众文化专业队伍的考核，主要是对专业工作者的工作态度、工作能力和工作业绩进行考量，绩效的衡量标准以岗位职责或工作说明书为主，要结合岗位需要确定考核的内容，重点考核工作业绩，同时也不能忽视对从业者思想道德、工作能力、考勤等多方面的考核。

为充分发挥考核的作用，促进考核质量的提升，需要对考核指标体系进行科学研究与制定，采取的考核方法既要规范、严格，又要具备很强的操作性，无论是考核过程还是最终结果，都要求公平、公正，能够客观反映考核指标的实际情况。

(四)群众文化市场管理

群众文化市场管理也是群众文化工作管理的重要内容之一。在市场管理中，要树立强烈的市场文化管理意识，对这方面管理的着眼点要有所明确，坚定决心搞活、搞好文化市场，主要目的是促进群众文化事业的繁荣，使群众文化需要得到满足。

1. 制定管理政策

制定群众文化市场管理的相关政策时，要充分认识到政策对市场管理的重要性，清楚市场管理效果直接受政策的影响。制定管理政策主要是为了更好地开展管理工作，实现预期的管理目标。

为促进群众文化市场管理的顺利进行，要求结合文化市场的实情制定市场经营与管理政策，对优秀群众精神文化产品的生产与经营要给予极大鼓励、支持，而对与社会主义精神文明建设理念背道而驰的、对社会风气产生污染和毒化的文化产品则要坚决取缔，去伪存真，净化文化市场，美化市场环境。

城市群众文化市场和农村群众文化市场各有特色，发展情况不同，因此管理也要区别对待，各有侧重，建议如下：

针对城市群众文化市场的管理政策，应该以城市的经济、人口、文

第四章 群众文化活动的管理

化、环境等实际情况为依据来制定,在城市建设总体规划中纳入文化设施建设的相关内容,肯定文化建设在城市建设中的重要性。

针对农村群众文化市场的管理政策,要根据农村人口特征、经济结构、传统文化等实际情况来制定,同样要在乡村建设与治理中加强对文化基础设施的建设与完善,依据农村群众文化市场发展现状,建立群众文化网,为农民休闲娱乐、学习交往提供便利,同时为城乡居民之间的文化交流提供良好的平台。

2. 重视管理层次

除了对切实可行的群众文化市场管理政策进行制定与实施外,在群众文化市场管理中还要重视管理层次的多样性。群众文化市场中不同社会阶层的不同文化需求是同时存在的,不同年龄、性别、文化水平、职业、生活环境、收入水平的人的文化需要都存在或多或少的差异,因此要考虑多层次的文化需要来设计文化市场的经营产品、项目和服务,满足不同群众各种层次的文化需要。

(五)群众文化有偿服务管理

有偿服务是指文化事业单位(文化馆、站等)利用自己拥有的活动场所,在开展无偿服务的同时,对部分活动项目实行少量收费,或根据群众参加文化活动的需要,在搞好本职工作外,有偿为群众提供文化服务,把这部分经济收入用于对业务活动经费不足的补充或对文化活动场所设施条件与基础环境的改善。

有偿服务活动是群众文化工作的组成部分,但只是群众文化事业发展中的一种补充手段,在有偿服务活动的开展中,必须坚持社会主义的文艺方向,以促进群众文化事业繁荣发展为主要目的。在群众文化有偿服务管理中要做到以下几点。

1. 把无偿服务与有偿服务结合起来

群众文化事业是公益性社会福利事业,由国家投资兴办,是群众的一种"自娱性"活动,不具备商品属性,因此,群众文化的开展形式要以无偿服务为主,有偿服务只是作为一种补充手段,是从属地位,在实践中不能主辅不分,将二者颠倒。在群众文化有偿服务管理中,要坚持与无偿服务的结合,正确处理二者的关系,并坚定无偿服务的主导地位。

2. 坚持有偿服务的正确方向,处理好社会效益与经济效益的关系

在群众文化有偿服务管理中要坚持有偿服务的正确方向,明确物质生产与精神生产的界限,将社会效益与经济效益的关系妥善处理好,坚持以无偿服务为主,以社会效益为最高准则,也就是说,经济效益与社会效益之间产生矛盾时,前者要服从后者,而且应该无条件服从。

3. 因地制宜,形成特色

文化事业单位要达到一定的条件才能开展群众文化的有偿服务,在开展这类服务时要将单位自身的优势与作用充分发挥出来,而且要因地制宜地开发有偿服务,要结合本地文化特征、特色文化资源和文化市场发展情况来拓展有偿服务,为群众有偿提供特色化文化服务。

4. 强化管理,完善制度

群众文化工作中开展有偿服务工作,必须加强管理,建立健全相关制度,重点做好以下管理工作:

第一,从事有偿服务的工作者应该具备这方面的技术专长和经营能力,从事这方面文化业务工作的人员必须是学有专长的,所以文化事业单位要安排符合要求的优秀工作者从事相关工作,使文化事业单位的有偿服务与无偿服务及其他工作形成有机整体。

第二,在有偿服务管理中健全与完善相关管理制度,尤其要加强纪律管理、资源管理和绩效管理。

(六)群众文化绩效管理

群众文化工作的绩效管理是指根据群众文化的管理职能,借助一定的指标、方法,判断政府部门、群众文化服务单位和群众文化服务项目的效率、服务质量、服务责任和社会公众满意度,并评估其投入、产出和成绩以及工作效果。

第四章　群众文化活动的管理

1. 政府群众文化工作的绩效考核

(1)绩效考核的意义

政府群众文化工作绩效考核的主要意义在于检验政府群众文化工作的质量,主要体现在以下几方面:

首先,有助于使政府认识群众文化工作的重要性,对群众文化工作的定位有准确把握。

其次,有助于促进政府群众文化工作水平的提高,使群众文化监督管理更加规范。

最后,有助于政府了解群众文化需求的动态变化,为群众提供恰当的、优质的文化服务。

(2)绩效考核的内容

政府群众文化工作绩效考核内容主要包括:

①群众文化经费投入情况。

②群众文化设施建设情况。

③群众文化产品和服务提供情况。

④群众文化工作的协调情况。

⑤群众文化管理规范的制定情况。

⑥群众文化事业单位的管理情况等。

根据上述绩效考核内容,将群众文化工作的考核指标确定下来,并不断完善指标体系,在政府政绩考核和精神文明城市创建的指标中纳入群众文化工作指标,以此对地区发展水平、发展质量和工作实绩进行评价。

(3)绩效考核的方法

政府群众文化工作绩效考核的方法包括:

①上级政府部门评价。

②群众评议。

③指标评估。

④上述方法相结合。

2. 群众文化事业机构的绩效评估

进行群众文化事业机构的绩效评估主要是为了促进群众文化服务

水平的提高,使群众文化事业机构的社会价值充分发挥出来。这方面绩效评估的首要标准是群众满意度。近年来,社会公益文化事业越来越受政府部门的重视,政府在这方面不断加大投入力度,也越来越关注群众文化事业机构自身作用的发挥及其对国家投入、公民需求相契合的社会期望值的达成情况。

评估群众文化事业机构的绩效时,主要依据群众文化事业发展的要求和群众文化需求对相关评价指标体系进行构建,所选指标必须是科学的、可量化的、与评估工作紧密联系的。所构建的具有可操作性的指标体系应该将政府对群众文化工作创新发展的要求、群众文化公益性服务的本质特色等充分体现出来。

概括而言,群众文化事业机构绩效评估涉及以下内容:

(1)群众文化经费使用情况。
(2)群众文化设施利用情况。
(3)群众文化的基本服务和数字化服务。
(4)群众文化制度建设情况。
(5)群众文化队伍建设情况。
(6)群众文化服务的满意度。

3. 群众文化工作项目的绩效评估

群众文化工作项目的绩效评估主要是评估在规定时限内完成的、有专项任务指标的、特定的群众文化工作任务。进行这方面的绩效评估能够提高特定工作项目的完成质量,保证专项资金得到充分利用,还能促进配套的群众文化评估指标体系完善。

进行群众文化工作项目的绩效评估时,常采用的方式是委托第三方或中介机构进行评估,这样可以获得真实、准确的评估结果。一般采用指标评估法进行工作项目绩效评估,由第三方或中介机构邀请有关专家组成评审组,采取核查原始资料、当面问询交流、听取专项汇报、实地查看等方式进行评估,对设定项目指标的完成情况进行评分,在汇总评分后将项目完成的等次确定下来,最后提出合理的评估意见。[①]

---

① 周爱宝.群众文化基础知识[M].北京:高等教育出版社,2004.

第四章 群众文化活动的管理

三、群众文化工作社会管理的主要方法

(一)思想教育法

在群众文化工作管理中,思想教育管理方法的地位非常重要。群众文化工作管理的主体是人,管理对象也是以人为主体开展的一系列文化活动,因此要搞好群众文化工作管理,就必须重视对人的思想教育,将相关人员的工作积极性、参与热情充分调动起来。

对群众文化活动的相关人员进行思想教育,主要是为了使其思想觉悟得到提升。在思想教育过程中,法制教育、道德教育、纪律教育以及理想教育是不可忽视的重要内容。从微观上对群众文化工作的从业者进行思想教育,有助于从宏观上引导群众文化管理的正确运作。在思想教育中要以正面教育为主,注重以理服人,以说理的手段达到启发诱导的教育目的。

在群众文化工作的思想教育中,不要不切实际地天方夜谭,而要将理论与实际充分联系起来,将思想工作做细致、做深入。在采取说理的方式时,说理要充分,要将情与理结合起来,也就是说,要动之以情,晓之以理,入情入理。说理并不是一定要很严肃,可以适当活泼一些,生动一点,这样更符合群众文化活动活泼生动、丰富多彩的特点。说理要直接一些,不要不合时宜地拐弯抹角,否则很容易混淆重点,导致受教育者领会不到精髓和无法正确理解意图。

采用思想教育的方式进行管理,要善于在丰富多样的社会文化活动中融入思想教育,采用活泼的教育方式达到以理服人、启发诱导的教育效果,使受教育者在群众文化活动中的主观能动性充分发挥出来,激发他们自觉自愿参与相关活动与工作的意识与积极性。

(二)法律管理法

群众文化工作的法律管理法是指政府部门以群众文化发展的需求为依据,通过颁布文化方面的法律规范(法规、规章、法令、条例等)对群

众文化单位、从业者及其在文化工作中形成的文化交往关系进行规范和调整，从而使群众的文化需要得到充分满足、文化生活更加顺利的管理方法。

在群众文化工作管理中采用法律管理法具有很大的优势与积极的作用，具体体现在以下几方面。

1. 使群众文化管理系统趋于稳定

我国群众文化事业工作系统和管理系统早在中华人民共和国成立初期就建立了，工作系统以由下而上的模式运行，管理系统以由上而下的模式运行。但在长期的工作与管理实践中发现，管理系统的稳定性不强，主要与法律管理的缺失有关。采用法律管理法来加强群众文化事业管理，有助于使群众文化工作管理系统不断趋于合理，并在一定程度上打破僵化模式，促进管理工作的顺利开展。

2. 调节管理因素

群众文化工作复杂，因而管理也有难度，管理系统中涉及各种复杂的、纵横交错的因素，而采用法律管理法有助于对各项管理因素之间的关系进行调节，通过发挥法律的约束力来规范各项因素，使各因素及相互关系均达到最合理状态。

3. 维护管理秩序

群众文化管理工作量大，管理环境复杂，要有条不紊地开展各项管理工作，就要采用法律管理法来维护管理秩序，优化管理环境，促进人力资源、财力资源、物力资源、信息资源等各项资源的有效沟通与优化整合，并将它们的沟通方式以法律形式予以规定和明确，保证管理工作有步骤地展开，这是提高管理效率的前提条件。

4. 提高管理效率

在群众文化工作管理中采用法律管理法能够使工作系统越来越合理、稳定、有秩序、规范化，从而有效提高管理效率和管理效果，达到预期的管理目标。

第四章 群众文化活动的管理

(三)行政管理法

行政管理法是指依靠行政机构和领导者的权力直接对被管理对象产生影响的管理方法。从我国群众文化管理的实况来看,不只是政府群众文化行政部门运用行政管理方法,群众文化事业单位在群众文化工作、活动、科研的管理中也使用行政管理方法。

群众文化行政管理法的优势主要包括:

第一,便于发挥管理职能,如计划职能、组织职能、控制职能、激励职能等,这些优势是其他管理方法不能替代的。

第二,行政管理法具有针对性和时效性,在一定情况下或一定时间内,运用行政管理法可以处理特殊问题,这也是其他管理方法无可比拟的。

第三,行政管理法具有弹性优势,它在实行过程中并不是僵死的东西,而是具有一定的灵活性。

(四)经济管理法

群众文化工作的经济管理法是指依靠经济手段调节开展文化事业的组织机构(财政管理部门、工商管理部门、税收部门和银行等),按照文化发展的市场规律,采用经济手段(财政拨款、价格调节、税收监督、工资奖金、经济罚款以及经济制度等)管理文化的方法。

从本质上来说,采用经济管理法进行群众文化工作管理,主要是采用物质手段、经济手段调动文化企业的积极性,调节文化生产者和文化消费者以及政府、企业在文化活动中的关系,促进文化事业繁荣。

经济管理法的优势在于,能够为群众文化的发展提供经济动力,使群众文化系统在经济支持下获得所需的人力、物力资源,全面实现社会效益和经济效益。

使用经济管理法时要注意,群众文化的教育无法用经济方法检验,所以需要将经济方法与思想教育法、行政教育法配合使用。

(五)业务管理法

群众文化工作的业务管理法是指各级群众文化事业单位(群众艺术

馆、文化馆、文化站、文化宫等)通过本身的业务活动以及对基层群众文化活动和文化活动骨干的业务辅导、指导,举办各种业务培训,组织群众文艺会演、艺术节,并在开展智力竞赛、体育比赛、宣传教育活动时,从业务上进行管理的办法。

群众文化事业机构在文化活动管理中普遍会采用业务管理的方式,该方式具有以下优势:

(1)符合群众文化活动的规律,易于被管理机构接受。

(2)与群众文化服务职能密切相关,便于将管理渗入职能发挥中。

(3)依赖业务实力和水平,有助于促进业务交流。

采用业务管理法进行群众文化管理,基本任务是通过一系列组织、宣传、辅导、指导等工作,为人民群众精神文化需要的满足创造条件、提供业务帮助,扩大文化工作、群众文化活动和群众文化的经营面,更好地为人民群众的精神文化生活服务。在业务管理中,既要组织好群众文化活动(产品)的生产,又要搞好服务,两者相辅相成。

以上管理方法各具特点,各有长处和不足,在群众文化工作管理中要结合实际需要将不同管理方法结合起来运用,促进管理效果和水平的提升,促进群众文化事业繁荣发展。

第五章　群众文化活动的辅导

群众文化活动需要长期的经营和管理,需要由有能力、有热情、有经验的人进行辅导和监督,才能建设出高质量的、能普遍满足广大人民需求的群众文化。本章将对群众文化活动辅导的概念与构成要素,群众文化活动辅导的步骤与程序以及群众文化活动辅导的形式与方法进行详细分析。

第一节　群众文化活动辅导的概念与构成要素

一、群众文化辅导的基本概念

群众文化辅导是辅导者根据被辅导者的文化艺术需求,以提高被辅导者的审美能力、传授文化艺术知识和技能为目的,选择合适的媒介,运用有效的辅助手段,对被辅导者所进行的传授和指导活动。

群众文化辅导有助于提高人民群众精神文明素质和文化艺术水平,有助于培养人的道德情操,提高人的文化技能,开发人的文化潜能。群众文化辅导是群众文化活动的重要组成部分。在群众文化业务体系的组织、辅导、研究三大要素中,群众文化辅导是重要环节,也是最基本的服务方式。群众文化活动中一部分是群众自娱自乐的活动;另一部分就是群众文化的辅导活动。因此,组织群众文化辅导不仅是群众文化事业机构的基本职责,也是提高群众文化艺术水平和活动质量的实际需要。群众文化辅导的根本目标就是要改变群众在文化活动中的"被动"地位,使群众既是文化的接受者,也要成为文化的创造者。群众文化辅导正是为实现这种改变而进行的活动。

二、群众文化辅导的构成要素

群众文化辅导有辅导者、被辅导者、辅导内容、辅导手段四个构成要素。

(一)辅导者

辅导者是指群众文化事业机构中有一定专业特长,并且具有开展辅导活动能力的专职人员。辅导者是辅导过程中的主导因素,需要具有较高的综合素质和业务能力。

1. 综合素质

辅导者的综合素质包括思想政治素质、文化素质、职业道德等方面。思想政治素质是从认识、立场、世界观、人生观、价值观的高度,对辅导者提出的首要要求。一个合格的辅导者,其知识结构应由所辅导门类的专业知识、与本辅导门类相关的学科知识、科学辅导方面的知识和较为广博的科学文化艺术基础知识所组成。且应兼备知识的精深与广博,并在纵向和横向方面形成合理的结构。这是对辅导者文化素质方面的要求。此外,辅导者还应讲求职业道德,恪守敬业精神、奉献精神和协作精神,这是群众文化辅导工作对辅导者提出的职业道德要求。

2. 业务能力

辅导者的能力结构由一般能力与特殊能力两部分组成。一般能力即智力,这是完成任何活动都必须具备的基本能力,包括观察力、注意力、记忆力、思维力和想象力等;特殊能力是指在某种专业活动中表现出来,并保证这种专业活动达到一定水平或取得较好成效的能力。辅导者应当具备的能力包括许多方面,其中一般能力包括组织能力、表达能力、分析能力、示范能力、自修能力、创新能力等。

第五章 群众文化活动的辅导

具体说来,辅导者应具备如下能力:

(1)编写教材能力

即做到所编教材能够符合通俗、实用、准确、明晰的要求。编写教材要求辅导者能够根据辅导工作的实际需要有针对性地编写符合被辅导者要求的专用教材。具备教材编写能力要求辅导者有较强的文字表达能力、有对所辅导内容的综合概括能力、有较深厚的专业理论功底和较强的逻辑思维能力。

(2)主持培训能力

即能够针对不同被辅导者采用不同的培训方法,能独立授课。主持培训、独立授课都是辅导者应当具备的基本能力。在群众文化辅导中,无论举办培训班、讲座或研修班,都需要辅导者有效地掌控培训过程,并进行面对面授课辅导,能够根据培训对象的不同特点,灵活机动地采用不同的培训方法。

(3)示范演示能力

即要求辅导者具有表达能力和表现能力,能够化繁为简,启发想象。在技能的辅导中,尤其需要强化辅导者口传身授的作用,需要辅导者用示范演示去感染被辅导者。进行示范演示,应讲求动作规范准确,速度适中,表现力强,启发想象,并做到示范与讲解相结合,综合示范与分解示范相结合。

(4)运用理论能力

即要求辅导者能够掌握群众文化理论和相关专业知识,并能将其熟练地运用到辅导实践中。作为辅导者,不仅需要具有相关专业的基本知识和示范演示能力,也应具有一定的群众文化理论水平。除了遵循群众文化的基本理论去指导辅导活动的全过程,还应在辅导活动中适时地向被辅导者传授群众文化理论。

(5)辅导组织能力

具体体现在辅导者具有个人魅力、善于启发引导、进行情感沟通、掌握进度节奏等方面。辅导是一门艺术,在很大程度上反映了辅导者的辅导组织能力和水平。因此,一个好的辅导者应如同"吸铁石",能凭借个人的影响力、号召力、表现力、应变力等形成足以吸引他人的强大磁场。辅导组织能力的提高,需要辅导者的长期历练,也与辅导者的学识、气质、性格等因素有着不可忽视的关系。

群众文化的辅导者,虽然大都不是由专业艺术教育出来的专门人才,但在许多方面都表现出优秀的品质修养、丰厚的生活素养,有着敏锐的观察力、感受力、想象力和强烈的创作欲望,有着专业艺术家的天赋和艺术潜能,对艺术有着执着的追求,具有坚强的意志和非凡的能力,能够以自己的学识和水平、表现力和创造力完成群众文化辅导任务。

(二)被辅导者

被辅导者指的是由不同阶层、不同年龄、不同爱好、不同文化层次的群众所组成,利用闲暇时间参加群众文化事业机构组织的各种辅导活动的群体或个人。被辅导者是辅导活动的客体,是辅导者进行辅导实践的对象,并接受辅导者的指导;被辅导者也是辅导过程的主体,是认识和学习活动的主人,是辅导实践活动的主要参加者。

1. 被辅导者的构成

被辅导者主要由社会各个层面具有不同文化需求的个体和群体所构成。主要包括个体对象和群体对象两个方面。个体对象主要指有着各种不同辅导目标和要求的个人;群体对象主要指有着共同爱好和共同需求的群体或团体。被辅导者具有广泛的社会性和一定的复杂性。在辅导实践中,被辅导者大多是指有着各种志趣爱好的群众文化爱好者,但有时也包括初次从事群众文化工作的人员以及群众文化系统的基层工作人员和专兼职人员。

2. 被辅导者的特点

被辅导者主要具备以下特点:
(1)兴趣的优先性
群众往往受兴趣的驱使而对群众文化活动产生浓厚的兴趣和喜爱的心理,并不惜占用业余时间去参加辅导活动,因此兴趣爱好是群众参加辅导活动第一位的因素。
(2)需求的自我性
群众参加辅导活动都是遵从个人意愿,有较为强烈的自我需求。
(3)内容的自选性
在辅导内容的选择上,群众大都根据个人的特长和意愿决定,有较为明确的学习目的和要求。

(4)水平的差异性

辅导活动参加者大多水平参差不齐,在素养、学识、技能等方面存在差异。

(5)目标的提升性

在参加辅导活动的目标上有一定的追求,有通过参加辅导获得水平提升的愿望。

(6)时间的闲暇性

无论有无职业,都有可以自我支配的空闲时间。

3. 被辅导者的差异

被辅导者相互之间存在着个体差异,主要体现在:基础条件的差异,接受能力的差异,思想品德的差异,性格气质的差异,家庭状况的差异,生活习惯的差异等。

被辅导者存在个体差异是群众文化辅导的特定现象。人们由于年龄、民族、职业、生活环境、教育背景等方面的不同,必然会产生人与人之间的差异,并不会在参加辅导活动时发生改变。正确认识和分析被辅导者的这些差异,是辅导者必须要做的准备工作。

4. 被辅导者的需求

不同的被辅导者有不同的辅导需求。辅导需求的信息内容包括知识种类需求、辅导方式需求、时间周期需求、时段选择需求、辅导教师需求等多个方面。即不同的被辅导者对获取的知识量、对采用的辅导方式、对所接受的辅导周期、对时段安排的选择以及对心仪的辅导教师,都会有不同的需求标准。尊重和适应被辅导者的需求,对辅导活动的顺利进行有重要的保障作用。在组织辅导活动时,应当根据不同被辅导者的不同需求,合理安排辅导课程。

5. 辅导者与被辅导者的关系

(1)辅导者在辅导活动中处于主导地位。在辅导活动中,辅导者同时是组织者、领导者、评价者,在很大程度上决定着辅导活动的运行、辅导质量的优劣,是绝对的主导力量。

(2)辅导者与被辅导者既是师生关系，又是朋友关系。辅导者与被辅导者之间虽主要表现为师生关系，但本质上仍是人际关系。因此单纯的师生关系不是辅导者与被辅导者之间关系的全部。辅导者与被辅导者成为朋友关系，可以增进双方的感情，有助于提高群众文化辅导的效果。

(3)辅导者有施教的责任，也需要与被辅导者相互切磋、教学相长。在辅导活动中，辅导者是施教者，被辅导者是受教者，辅导者需要履行施教的责任。但辅导者也应悉心听取被辅导者的意见，加强双方之间的互动交流，使教与学之间互相促进。

(4)辅导者也是服务者。群众文化辅导活动是群众文化服务的内容之一，因此在辅导活动中，辅导者还具有服务者的身份，即为被辅导者提供包括辅导内容在内的群众文化服务。辅导者不仅要指导帮助被辅导者，也要尊重被辅导者。

(三)辅导内容

辅导内容是群众文化辅导的核心，关系到该项辅导活动的性质与规模。群众文化辅导的内容是多方面的，并随着社会文化的发展和活动项目的丰富而不断扩充。群众文化辅导的内容，按现行活动品种的性质加以整合和归类，主要可分为组织管理辅导、文化艺术辅导、宣传鼓动辅导、文化娱乐辅导与理论研究辅导五个方面。其中文化艺术辅导是辅导的重点内容。

1. 组织管理辅导

组织管理辅导是辅导者通过对群众文化各类活动组织的程序、环节及管理方法和手段的传授，从而提高被辅导者组织管理水平的活动。组织管理辅导的类型主要包括群众文化活动的组织管理辅导、文化群体的组织管理辅导和群众文化事业机构的组织管理辅导。

组织管理辅导的重点包括组织设计和管理手段两个方面。

(1)组织设计就是对组织活动和组织结构的设计过程，是把任务、责任、权力和利益进行有效组合和协调的活动。组织设计的基本程序主要分为以下六个步骤：

第五章 群众文化活动的辅导

①明确组织的目标和任务。
②对活动过程的总体设计。
③设计管理岗位。
④规定管理岗位的具体内容。
⑤配置岗位人员。
⑥设置管理机构。

(2)管理手段是用科学的方法对群众文化活动的过程进行有效管理,使之产生最佳效益。除了对系统方法、信息方法及反馈方法的介绍外,还应掌握五种管理手段:

①培养向导,即对活动对象中的"领头"人物进行有目的的培训和指导。
②营造氛围,即保证活动在新颖活泼、富有情趣的氛围下进行。
③制度约束,即通过制定相关的规章制度来实现辅导目标。
④指标控制,即实行量化管理,设定相应的责任指标、计划指标、经济指标、时效指标、成果指标等。
⑤内外协调,内部协调包括部门之间的协调、成员之间的协调以及结构的调整等,外部协调包括纵向关系的协调和横向关系的协调,即处理好上下级的关系和协作单位之间的关系。

2. 文化艺术辅导

文化艺术辅导是通过有目的、有组织和有系统的辅导,提高被辅导者的艺术欣赏能力和艺术创造能力的活动。文化艺术辅导的重点包括艺术欣赏辅导、艺术创作辅导两个方面。

(1)对艺术欣赏的辅导

艺术欣赏是一种审美活动,它通过艺术作品所塑造的艺术形象,使人们在欣赏时产生强烈的审美感受,得到欢心愉悦,获得精神满足和教益。

①要通过观摩和体验,详尽说明艺术作品的思想内容和表现手法,帮助欣赏者弄懂并理解。
②要注意对艺术作品内涵的分析,提高欣赏者对艺术作品的感受力、理解力和想象力。
③要宣传正确的审美观,激发欣赏者高尚健康的情感。

（2）对艺术创作的辅导

相较于艺术欣赏,艺术创作则是一种精神活动,它是作者通过对生活素材的积累,运用一定的创作手段,加工成艺术作品的过程。

①要注重提高作者的思想修养,帮助作者树立正确的价值观、审美观。

②要组织作者深入生活和观察生活,帮助他们学会从生活中搜集素材,汲取营养。

③要传授艺术创作的方法和技巧,提高他们的创作能力和水平。

3. 宣传鼓动辅导

宣传鼓动辅导是辅导者帮助被辅导者掌握并运用群众文化的传播手段,提高群众文化宣传效果的活动。宣传鼓动辅导主要包括两种类型:

（1）按宣传鼓动手段划分,主要有文艺宣传辅导、资料宣传辅导、展览宣传辅导、幻灯宣传辅导、演讲宣传辅导、广播宣传辅导、黑板报宣传辅导等。

（2）按宣传活动场所划分,主要有舞台宣传辅导、广场宣传辅导、街头宣传辅导、实地宣传辅导等。

宣传鼓动辅导的重点,包括指导被辅导者制作宣传制品和把握宣传条件两个方面。可以用作宣传鼓动的材料有多种来源,包括有关方面或个人对社会的调查研究、采访记录,政府机构和有关方面发布的文件、图片、统计数字、音像资料,图书情报系统的各种资料库、数据库等。可以用于宣传制品制作的也有多种形式,包括造型艺术中的宣传画,语言艺术中的诗歌、演讲,表演艺术中的相声、说唱、戏剧等。制作宣传制品需要把握政治标准和艺术标准,即注重传播正能量和增强艺术感染力。把握宣传条件对能否实现宣传目标至关重要。在此过程中,除了具备用于宣传鼓动所需的硬件条件以外,宣传者的信誉度、受传者的认识差异以及宣传媒介的有效利用也是不可忽视的重要因素。

4. 文化娱乐辅导

文化娱乐辅导是辅导者将活动常识以直观的、趣味性强的方式进行传授,使被辅导者身心得到最大的快感和美感的活动。文化娱乐辅导包

第五章 群众文化活动的辅导

括娱乐项目辅导、游戏项目辅导、游艺项目辅导、群体项目辅导等。

文化娱乐辅导的重点是组织策划辅导和技能训练辅导。组织策划辅导需要辅导者把握四个要素,即明确的活动目的、确定的活动内容、周密的活动计划和必需的活动经费。技能训练辅导主要包括活动常识的辅导和技巧训练的辅导,要求辅导者讲清活动的规则、方法和要求,进行心理素质训练和娱乐技能训练。在辅导过程中,宜多采用组织竞赛或游戏的方法。

5. 理论研究辅导

理论研究辅导是辅导者引导被辅导者进行群众文化本质、规律和方法的研究,借以提高群众文化队伍整体水平的活动。理论研究辅导主要包括基础理论辅导与应用理论辅导两个方面。基础理论研究的内容包括：群众文化的起源,群众文化事业发展的历史,群众文化活动的基本规律,群众文化工作的方针、政策和原则等。应用理论研究的内容包括：群众文化管理学、群众文化辅导学以及群众文化发展趋势研究、实践方法研究等。

理论研究辅导的重点是理论研究方法的辅导、理论研究程序的辅导以及理论研究导向的辅导。理论研究的方法主要包含系统研究方法、度量研究方法、预测研究方法。系统研究是按照集合性、整体性、相关性的原则对所搜集到的资料进行研究,以便从这些资料的整体以及各种资料的相互联系中,把握事物的规律性;度量研究是将定量研究与定性研究进行有机结合;预测研究是对未来发展趋势的研究,即通过连续性、因果性和相似性等中介原理,把对现实的认识转换为对未来的预见。

理论研究的程序一般包括课题选择、提出假设、确定研究计划、汇总研究四个阶段。课题选择应遵循现实的要求、可能性的要求、摸底的要求和科学的要求,注重课题的合理性和可行性;提出假设应严谨,不应与该领域已证实其正确性的理论相违背,不应同已知和检验过的事实相矛盾;调查方案应作为整个研究活动的总规划,阐明调查的目的、内容和意义,提出完整的调查提纲,确定所采用的方式和方法,确定明确的时间和流程;汇总研究应把握分析资料、验证假设、撰写研究报告三个过程。

群众文化辅导应根据群众文化的发展变化增加不同的选题。在公共文化服务的大背景下,群众文化辅导应将公共文化服务和群众文化的基本知识、公益文化活动的组织与管理、网络数字技术的基本知识、群众文化需求的相关内容纳入辅导内容中来。

(四)辅导手段

辅导手段是群众文化辅导的表现形式,关系到该项辅导活动的风格与质量。以往的辅导手段,更多地以辅导者的教学和个体指导为主,辅导者通过对所辅导的知识、技能进行详细的讲解和示范,使被辅导者能够接受和仿效。社会的进步和科技的发展,极大地丰富了群众文化的辅导手段,使群众文化辅导方法更多样、更简便、更立体、更灵活、更形象、更有效,也更具感染力。根据辅导技术的发展演化过程,群众文化的辅导手段大体可分为传统的辅导手段和现代化辅导手段。传统的辅导手段多采用面对面或书面的辅导方法;现代化的辅导手段则增加了利用互联网、大众传媒、幻灯、电视等多样化的交流媒介和技术手段。

1. 传统的辅导手段

传统的辅导手段以面对面的辅导和书面形式的辅导为主。面对面的辅导包括集中辅导和分散辅导两大类。集中辅导是一种有组织、有计划、有秩序的集体辅导形式,是群众文化事业机构开展辅导活动的主要方式。集中辅导多采用课堂教学方式,如组织培训班、讲座、讲习班等。分散辅导是根据被辅导者的不同需求,深入被辅导者中进行单独教学的辅导形式。分散辅导的方式主要有分片辅导、分类辅导或个别辅导。在辅导活动中,集中辅导与分散辅导应有机结合,根据不同的需要采用不同的辅导手段。

书面辅导是采用编印和发放辅导材料,以函授的方式进行的辅导,即编印各类文艺作品,如快板、相声、小戏等;印发各类文艺辅导资料,如歌片、舞谱等。书面辅导在辅助群众学习、提供创作样本等方面都发挥了显著作用。实践证明,这些传统的辅导手段仍然具有很强的实用性、有效性,是群众文化辅导不可忽视的重要手段。

2. 现代化辅导手段

现代化辅导手段主要是运用互联网、大众传媒、幻灯、电视等现代化交流媒介或技术手段进行辅导。这是在现代科技手段不断丰富的今天,逐步引入并运用到群众文化辅导活动中来的。现代化的辅导手段主要包括两个方面:一是运用现代化的电化设备,如电脑、电视机、DVD机、投影仪、手机、音响设备等。二是运用现代化的技术手段,如网络传输技术、多媒体技术、数字化技术、资料数据化技术以及各种大众传媒手段,包括电视、广播、报刊、电影等。现代化辅导手段的广泛应用,有效地提高了群众文化辅导的效率。

辅导活动往往不是单一辅导手段的应用,而是多种辅导手段的有机结合。群众文化辅导需要选择最有利于实现辅导效果的辅导手段,并将其加以综合应用。辅导者对辅导手段的选择,主要应依据辅导的目的和任务、辅导的内容和被辅导者的特点等方面来选择。无论采用面授辅导、函授辅导,或是以数字化技术为依托的网络视频、电子邮件、远程教学等辅导手段,都是由上述因素所决定的。

第二节 群众文化活动辅导的步骤与程序

一、群众文化辅导的基本步骤

群众文化辅导的流程主要包括确定辅导者的角色地位、明确辅导内容、选择辅导工具、把握被辅导者、编写教案教材、实施辅导程序、进行效应反馈等内容。

(一)确定辅导者的角色地位

群众文化辅导首先应根据辅导的目的和要求,确定辅导活动的辅导者。一般辅导活动的辅导者可由一人承担,也可由多人承担。在辅导活动中,辅导者除了要承担相关知识的传授外,还应当根据需要承担组织、管理、协调等多方面的责任。辅导者的角色,既应该是施教者、管理者、指导者、评价者,也应该是被辅导者的朋友和服务者。不同类型的辅导活动对辅导者的角色要求也各不相同。授课类辅导活动要求辅导者主要承担讲师的角色,而表演类辅导活动则更多地要求辅导者承担导演或艺术指导的角色。因此,辅导者在辅导活动中要明确自己所处的地位和可发挥的潜能,增强责任意识,最大限度地承担起辅导者角色赋予的任务。

(二)明确辅导内容

辅导者应依据辅导活动预定的目标和任务,按照被辅导者的文化需求设定相应的辅导内容。设定辅导内容还需要辅导者准确掌握和充分考虑被辅导者的人员构成、层次水平和接受能力的实际状况,选择便于被辅导者接受的内容,同时根据不同的被辅导者,在辅导中摄入不同的信息量。辅导内容设定得合适与否,很大程度上取决于辅导者的知识功底和辅导技能。

(三)选择辅导用具

辅导者应根据被辅导者的实际状况和实际能力,选择与内容相适应的辅导工具。适宜得当的辅导工具可以有效地拓宽辅导手段,起到强化记忆、启发想象、活跃气氛、增强效果的作用。在辅导工具的选择上,既可以利用各类电化设备、投影设备等,也可以选择录像、录音、幻灯、电影、广播等大众传播工具。

(四)把握被辅导者

辅导者应对被辅导者进行认真分析,参照他们的具体特征和接受能力选择相应的辅导形式与辅导方法。对于辅导者而言,能否准确地掌握被辅导者的各种信息是有效地选择辅导形式和方法的前提。在此基础上,辅导者还应在辅导的过程中注意充分调动被辅导者的能动性。可以说,这种能动性直接影响了被辅导者的积极性、主动性和接受效率,决定

第五章　群众文化活动的辅导

了辅导效果。

(五)编写教案教材

辅导者在辅导活动开始前,应提前编写辅导教案(方案),将辅导目的、辅导内容、课时安排、完成目标、辅导重点及难点、辅导用具的应用、习练项目以及辅导实施的步骤、程序等内容逐一加以设计,做到胸中有数。同时还要根据被辅导者的知识水平和接受能力,将所要完成的辅导内容进行细致的梳理和归纳,编写出可提供给被辅导者使用的辅导提纲、讲义或者教材,从而促进被辅导者对辅导内容的理解和掌握。

(六)实施辅导过程

实施辅导程序是指辅导者将辅导活动付诸实施的过程。实施辅导过程是辅导的重点,之前的所有准备都是为这一过程服务的。在具体的实施辅导中,要准确把握授课讲解、演示示范、安排习练等环节,注意采用被辅导者易于接受的辅导方式和方法,尊重被辅导者的意见和反馈,彼此之间加强交流互动。辅导者应有意识地提高自身的辅导水平、技巧,提高讲授的艺术性,更利于被辅导者的理解和接收,充分展示辅导者的表现力、感染力和人格魅力。同时注意针对不同被辅导者的不同能力和水平,进行有针对性的个性化辅导,重在提高被辅导者的领悟力、理解力、模仿力等基本能力。

(七)进行效应反馈

辅导者还应采取多种方法对辅导效应进行全面反馈,并从短期效应和长期效应两个方面进行研究。短期效应可在辅导活动进行中或一个辅导周期结束后即可得到反馈,而长期效应的获得不仅需要一个连续不断、潜移默化的辅导过程,而且需要辅导者做出持之以恒、锲而不舍的努力。得到效应反馈后,辅导者应及时针对效应反馈中的不合理、不适宜、无效果的内容和方法进行调整和改进。进行效应反馈可采用考试考核、检查评审、数据统计、座谈交流、调研论证等方法。

二、群众文化辅导者的工作步骤

根据辅导活动一般需要经历准备、实施和总结的整个过程,辅导者的工作大体可分为七个步骤。

(一)明确辅导需求

设立群众文化辅导项目,应以群众的文化需求信息为依据。从这个意义上说,做好需求信息的收集工作,是进行辅导活动前的一项重要基础工作。搜集群众需求信息应力求具体、明确,主要应围绕群众对辅导的知识内容、辅导方式、时间周期、时段选择以及辅导教师等方面的需求进行搜集。搜集辅导需求信息可采用问卷、走访、座谈等方式,并可利用网络、聚集性活动等平台进行采集。

(二)了解被辅导者的基础

掌握被辅导者的基础也是辅导实施前需要完成的一项基础性工作。只有准确掌握被辅导者的基础水平,才能有针对性地实施辅导。具体要了解这几方面的内容:人员构成、年龄结构、基本素质、接受能力、家庭情况、职业状况、兴趣爱好、期望值、骨干成员等。调查一般以问卷方式为主。通过全面地了解和熟悉被辅导者的情况,并运用各种定性和定量的分析方法进行汇总分析,从而对辅导活动的未来走势和可能遇到的问题做出预判。

(三)进行辅导可行性研究

可行性研究是通过对各种相关因素的分析研究,对辅导项目完成的可能性、预期效果的实现程度等方面进行的预测。即要求辅导者在辅导前对辅导什么、为什么辅导、怎样辅导以及辅导目标是什么做出回答。同时要掌握辅导活动所具备的相关条件,包括辅导场地、设备、资金以及后勤、安全等方面的保障条件,并且针对辅导进行中可能出现的相关情况和不确定因素进行分析,设计一定的解决方案。在此基础上,根据所

第五章 群众文化活动的辅导

设定的辅导目标和客观条件,以及所设计的辅导内容、辅导方法,对辅导活动可能产生的结果进行预测,为制订辅导计划和方案做好准备。

(四)制定辅导计划和方案

在进行群众需求调研、被辅导者情况分析和可行性研究的基础上,应根据所设定的辅导内容和辅导目标制订详细的、可操作性强的辅导计划和方案。辅导计划是辅导目标的具体化,是辅导活动组织实施的基本纲领,决定着辅导内容的总方向和总结构。辅导计划一般可设正文和附表两个部分。其中正文是辅导计划的主体部分,主要内容包括指导思想、预期目标、辅导项目的内容、辅导的实施步骤和时间分配、相关要求等。附表则是以表格形式来体现辅导计划的主要内容。

辅导方案则是辅导计划的具体实施细则,是整个辅导过程各个阶段、各个环节的细化和具体安排。辅导方案的主要内容包括辅导目标、重难点、辅导方式、辅导项目及时间安排、保障措施、相关要求等。具体化和可实施性是对辅导方案的基本要求。

(五)有针对性地实施辅导

实施辅导是辅导活动的中心环节,是落实辅导目标的操作过程。不同的辅导内容可采用不同的方式和手段,但基本要求就是保证辅导目标的实现。辅导者应充分发挥个人的主观能动性和创造性,采用科学有效的、巧妙实用的方法实施辅导。一般说来,实施辅导的过程主要可采用讲课辅导、安排习练、个别辅导、课外辅导等方式。其中讲课辅导是主要部分。

1. 讲课辅导

辅导者在进行讲课辅导时应把握六个环节:一是辅导目的的明确,始终围绕辅导目标的实现进行安排和设计;二是辅导内容正确,讲求思想性、艺术性和娱乐性的统一,讲求理论与实践的结合,做到对辅导内容的熟练掌握和准确讲解;三是辅导方法恰当,善于将各种辅导方法加以有机结合,做到运用自如;四是辅导手段得当,除了运用语言手段进行讲解和描述,还可用示范、图示、影像等手段进行直观辅导;五是辅导状态良好,讲课当中始终精神饱满、耐心细致;六是辅导组织紧凑,做到课程安排井井有条、环环相扣、秩序良好。

2. 安排习练

习练是巩固讲课辅导行之有效的方法,适当地安排习练有助于提高辅导效果。习练的方式大致有四种:阅读习练、口头习练、书面习练、实际演练。在安排习练时,辅导者应做到:习练的内容符合辅导教材的要求,紧扣讲课辅导的内容;习练的分量要恰当,难易要适度,符合多数被辅导者的实际水平;安排习练要有明确的要求,对难度较大的习练,辅导者应提示和示范。辅导者还应及时对被辅导者的习练情况进行评定,评判习练一般可采用全面评定、重点评定、轮流评定、当面评定和被辅导者相互评定等方法。

3. 个别辅导

个别辅导是对集体辅导的有益补充。对于个别接受能力强、有一定素质基础且已超越辅导计划设定标准的被辅导者,可根据其基础能力进行超出整体辅导标准的个别辅导;对于少数学习基础薄弱、接受能力不强的被辅导者,也应根据其所遇到的重点、难点问题,进行有针对性的个别辅导;对于遇到疑难问题的被辅导者,给予解惑答疑的帮助等。

4. 课外辅导

课外辅导是一种具有实践意义的辅导活动。即根据辅导目标和辅导内容的要求,在进行讲课辅导、安排习练和个别辅导之外,安排被辅导者进行课外实践、采风、考察等活动。课外辅导的意义在于能够使被辅导者获得实践锻炼的机会,可以有效地增强对辅导内容的理解和感知。进行课外辅导应从实际出发,注意讲求实效。

(六)辅导过程的灵活调整

辅导过程的调整是实现辅导目标的重要环节。辅导过程不是僵化的、循规蹈矩的过程,而要根据被辅导者的信息反馈及时进行调整和校正。受辅导过程各种复杂因素的影响以及辅导能力、辅导条件的限制,

第五章　群众文化活动的辅导

辅导过程往往会出现一些在计划中未能涉及或意想不到的问题,需要辅导者随时获得被辅导者的信息反馈,以便准确、客观、及时地对辅导中出现的问题做出反应,从而减少和避免失误。获取反馈意见并据此做出判断,提出对策,对存在的偏差进行修正,这就是辅导进行中的调整过程。

因此,辅导者在辅导过程中应多方面听取被辅导者的意见和建议,检查辅导取得的实际效果,根据被辅导者的反馈信息,随时对辅导计划进行调整。包括调整辅导目标、辅导内容、辅导方法等。

(七)辅导效果的总结分析

辅导效果是辅导活动在社会上产生的效应和收益。对辅导效果的总结分析包括两个方面:一是对被辅导者取得的辅导成果的检测;二是对辅导者辅导工作的评定。

对辅导成果的检测分为随机检测和期末检测。随机检测可伴随辅导活动的全过程。采用的方式有:书面测验、口头答辩、技能技巧表演等。期末检测一般在辅导结束或阶段辅导周期结束时进行。采用的方式除书面检查外,还可通过举办演唱会、作品展览、经验交流会,或开展知识竞赛、撰写论文等方式进行。对辅导工作的评定是衡量辅导者能力和成果的基本程序。一项辅导活动结束后或一个周期结束后,都需要通过总结分析对辅导工作进行评定。对辅导工作的评定有助于获取成功经验,解决问题,改进辅导工作。进行辅导工作的评定,主要应从辅导者的工作态度、辅导过程的完成情况、辅导成果的评估三个方面进行,坚持思想与业务相统一、时效与绩效相统一、质量与数量相统一的原则。

三、构成辅导信息的基本要素

(一)需求信息

需求信息主要包括被辅导者对辅导内容、辅导时间、辅导方式以及审美取向、期望目标等方面的要求。需求信息是辅导者确定辅导目标、选择辅导方式的基本依据,也是衡量辅导活动质量的重要标准。被辅导者的多样化需求和期望目标等,体现了群众参加辅导活动的意愿,也是设定群众文化辅导项目的价值所在。因此,在确定一个辅导项目之前,应当采用走访调查、征求意见等多种方式,确切了解和掌握被辅导者的需求信息,从而保证辅导效果的针对性和有效性。

(二)资料信息

资料信息主要包括被辅导者的个人简况、文字资料等信息。资料信息是辅导者在辅导活动中的重要参考,是在辅导活动准备阶段最需要收集也是易于收集的内容。获取的方法包括填写报名表、提交个人简历等方式。对获取的资料信息不应束之高阁或敷衍对待,而应当认真地加以研读、熟悉和了解,有些资料应进行必要的整理和分析,使之作为把握被辅导者的依据,并在辅导活动中加以有效利用。

(三)技术信息

技术信息主要指被辅导者在知识、技能水平方面的信息。辅导者可采用对被辅导者进行水平测试、数据分析等方式获得。经过测试和数据采集,进行详细的归类和计算,掌握被辅导者的文化基础、艺术水平、专业特长、接受能力等有关的技术性数据,做到"心中有数"。技术信息是确定辅导目标、辅导内容的基础,准确的技术信息有助于保证辅导的针对性和有效性。

第三节 群众文化活动辅导的形式与方法

一、群众文化活动的辅导形式

群众文化活动的辅导按照辅导过程的不同形态,大体可分为七种形式。

第五章　群众文化活动的辅导

(一)单向输出式

单向传输式辅导多以课堂授课的方式出现,即由辅导者以教学方式传授相关理论和艺术知识等。一般包括个人辅导、群体辅导、讲座等多种方式。

1. 个人辅导

即采取单人一对一的形式对被辅导者个人进行的辅导。辅导者有时需要根据被辅导者的个人需求进行单独授课,辅导方式、辅导方法也应符合被辅导者的个性需求。个人辅导形式可分为短期辅导和长期辅导:短期辅导是由辅导者针对被辅导者在接受辅导过程中所遇到的重点、难点问题所进行的一次性或短时性的辅导,长期辅导则是辅导者根据被辅导者的实际水平,按照专业教程的目标、内容进行的系统性或阶段性的辅导。

2. 群体辅导

即针对被辅导者群体进行的辅导。进行群体辅导往往需要根据被辅导者的水平差异、辅导知识的共性特征等因素,并从整体的接受能力和接受效果出发合理安排群体构成,宜采用以点带面、先易后难的方式以适应不同的群体要求。一般集体性项目均采用此种辅导方式,如群舞、合唱等。

群体辅导也可分为短期辅导和长期辅导:短期辅导应针对群体某一方面的知识或相关问题进行;长期辅导应根据辅导群体的不同水平或不同知识目标进行整合,按照教程系统地完成辅导目标。

3. 讲座

即辅导者采用授课的方式向被辅导者传授知识、技能的一种辅导方式。讲座按内容划分可分为专题讲座和系列讲座:专题讲座宜针对某一方面知识和技能进行,系列讲座则可系统传授相关知识和技能,并实现预期的辅导目标。相比较而言,讲座方式是更多地采用辅导者讲、被辅导者听的方法,过于机械和呆板。为提高辅导效果,易于被辅导者理解

115

和接受，讲座应当做到与被辅导者的实际情况紧密联系，在授课中有互动、有问答，形式生动活泼，并充分运用影像、多媒体等现代科技手段进行辅助。

（二）指导式

指导传输式辅导是在辅导者的带领下，由被辅导者进行教学练习。此种形式是通过辅导者的指导和帮助，由被辅导者中的优秀者重复进行疑难问题或部分内容的二次讲解和示范，既可以使承担讲解示范任务的被辅导者进一步巩固所学的知识和技能，也能使其他被辅导者通过这种二次辅导得到复习理解所学内容的机会。指导传输式辅导的优点在于能够最大限度地调动被辅导者的积极性，有利于提高辅导效果。在群众文化辅导中，书法、绘画、摄影等辅导都可以采用这种辅导方式。

（三）引领式

引领传输式辅导是由辅导者示范引领，被辅导者模仿练习，通过口传身授的方式进行的辅导。口传身授是群众文化辅导的一个重要特点。它包括教师的口头讲解和以身示范两个方面，就是辅导者在讲解的基础上，采用引领示范方法，指导被辅导者进行模仿练习，从而达到辅导的目的。示范可分为两个过程：一是整体示范，使被辅导者对辅导内容有个全面的印象；二是分步示范，即辅导者边示范，被辅导者边模仿。在群众文化辅导中，引领传输式辅导较为有效和实用，如群众戏剧、群众舞蹈、群众音乐的辅导大多采用这一形式。

（四）互助式

互助传输式辅导是由被辅导者之间相互传授经验和体会，取长补短，共同进步。此种形式是群众文化辅导中不可缺少的一种形式，对提高辅导效果发挥着重要作用。如教学讨论会、学员技艺竞赛等。教学讨论会可以针对辅导中遇到的重点、难点和急需解决的问题进行专题研讨，通过被辅导者之间的交流和讨论，相互帮助、取长补短，从而获得对

第五章　群众文化活动的辅导

讨论议题的理解。

(五)观摩式

观摩传输式辅导即采用实地采风、影视观看剧场、多媒体演示等多种方式为被辅导者提供观摩机会,开阔眼界,拓展思路,提高辅导质量。观摩是群众文化辅导不可缺少的一种手段,有目的地进行直接或间接的观摩可以取得事半功倍的辅导效果。采风原指到民间去采集搜集民歌、民谣、传说、故事等口头文艺创作,后也指到民间拍摄采集地方风光与民俗。群众美术、摄影、书法以及群众文艺创作辅导多采用采风的方式获得创作灵感。群众舞蹈、音乐、戏剧、戏曲、曲艺等艺术表演门类则更多地需要到剧场、影院去进行观摩。

(六)实习式

实习传输式辅导是在辅导者的带领下,开展创作或排练、演出展示等活动,并将辅导内容融入其中,以此提高辅导质量。实习,顾名思义,就是在实践中学习。群众文化辅导也离不开实习,即在经过一段时间的辅导或辅导即将结束之时,将传授给被辅导者的知识运用到群众文化活动的实际工作中去。如根据所辅导的专业或内容有针对性地组织被辅导者进行群众文艺创作,或组织文艺节目排练、演出等。

(七)网络式

网络传输式辅导是利用网络媒体、电化演示等科技手段来开展群众文化辅导活动。随着网络技术的发展,利用网络进行群众文化辅导已经成为群众文化辅导的重要手段。主要形式有:利用网络为被辅导者提供网上授课、网上辅导资料查询下载、网上展示以及进行远程指导等。网络资源十分丰富,开展网络传输辅导有助于提高辅导效果和质量。如进行群众音乐辅导,可以充分利用网上的音乐资源,既可使欣赏更深入和充分,还可以根据个人所需进行模仿和校正。

二、群众文化活动的辅导方法

由于群众文化活动的被辅导者在职业、年龄、文化程度、艺术素养和接受能力等方面都存在着较大差异,因此应根据被辅导者的差异选择适宜的辅导方法。即在实施群众文化辅导的过程中,注意遵循群众文化辅导的一般规律,采取便于被辅导者接受的、灵活多样的辅导方法实施辅导,以保证辅导的最终效果。群众文化活动的辅导大体包括以下八种方法。

(一)激励法

目标激励法就是帮助被辅导者在辅导活动的初始阶段就明确学习目标、找准方向,从被动学习转为主动学习。采用目标激励法最主要的就是根据被辅导者的实际情况确定适当的学习目标,既不要使被辅导者感觉目标过难而失去信心,又不能因目标过易而失去学习的主动性。同时在辅导过程中,应针对被辅导者的心理追求设定阶段目标,及时发现并鼓励被辅导者所取得的点滴进步,在遇到困难的时候,又要鼓励被辅导者坚定信心,克服困难,适时地教授相关的知识和技能技巧,从而实现最佳的辅导效果。

(二)循序渐进法

循序渐进法就是辅导者要根据被辅导者的具体状况,进行由浅入深、由表及里的渐进辅导。在群众文化辅导中,应紧密联系被辅导者的实际,采取由浅入深、由简到繁、由表及里、由慢到快的方法,注重打牢基础,循序渐进,一步一个脚印地按照层次和次序有步骤地进行,切忌推进过快、造成"夹生"。急于求成的结果,不仅会欲速则不达,还会使被辅导者的学习走弯路、入邪路,造成难以纠正、难以为继的后果。

(三)示范法

示范引导法就是通过辅导者或特定示范者的示范演示,引导被辅导者模仿学习。示范在群众文化辅导中起着重要作用。在辅导中,辅导者通过自身科学的、高水平的示范演示,或者通过引导特定示范者或被辅导者的示范演示,可以起到带动被辅导者的感官体验,提高辅导感染力和感悟力的作用。尤其针对被辅导者学习和训练中存在的问题,进行有针对性和对比性的示范,有助于提高被辅导者的鉴赏力和分析力,可以起到事半功倍的作用。借助高水平的演艺作品进行演示,也是一种有效的示范方法。

(四)理论指导法

理论指导法就是将群众文化的理论知识灵活运用于群众文化活动辅导的实践中,使被辅导者在接受辅导的过程中能够得到理论上的提高。辅导过程不能脱离理论的指导,确保被辅导者顺利完成从感性认识到理性认识的转变,是群众文化辅导的重要环节。在群众文化辅导中,辅导者应根据所遇到的问题,有针对性地讲授原理,揭示真谛,高屋建瓴地剖析本质,使被辅导者既能掌握实际技能,又能掌握基本理论,从而有效减少和避免群众文化活动的盲目性和片面性,达到"知其然"并"知其所以然"的目的。

(五)反向思维法

反向思维法就是辅导者从被辅导者思维的角度所进行的启发性辅导。在群众文化活动辅导过程中,有时面对被辅导者正向思维难以理解的重点、难点问题,应当运用反向思维法进行辅导。反向思维就是打破正向思维机械和僵化的思考问题模式,采用"倒过来想问题"的方法,从中发现解决问题的办法。

(六)借鉴融汇法

借鉴融汇法就是将其他门类成功的辅导经验融入本专业的辅导中来。在群众文化辅导中,还应学会借鉴和运用姊妹艺术在辅导方面的知识和方法,包括一些绝招、绝活和绝技,来破解本专业辅导中遇到的难题,提高本专业的辅导效果。如在群众音乐辅导活动中就可以借鉴戏曲、曲艺、舞蹈、美术等一些艺术门类的知识，帮助解决群众音乐创作、表演、技能技巧训练等辅导过程中遇到的问题。适时运用借鉴融汇法，可以丰富、活跃和创新群众文化辅导手段，有助于群众文化活动辅导水平的提高。

（七）难点突破法

难点突破法就是根据辅导过程中的实际情况寻找出难点的解决方法，进行重点辅导。对辅导中出现的难点问题，应力求做到：找出难点的原因症结所在，将难点进行分解，注重分析难点与其他相关辅导内容的内在联系，认真研究突破难点的有效途径，运用便于被辅导者接受的辅导理念和辅导方式调动被辅导者的内在潜能，通过分步骤、分阶段、分层次地解决难点问题，使难点一步一步得到解决。

（八）检查评定法

检查评定法就是通过对被辅导者阶段性学习成果的检查和指导，达到辅导的预定目标。检查评定是群众文化辅导过程中经常采用的重要辅导手段，其目的是使被辅导者了解自己的学习效果，并检查辅导目标的实现程度。检查评定一般可采用阶段性或总结性的考试考核方式，也可采用现场演示或现场问答的方式来完成。无论采用何种方式进行检查评定，都应当力求客观公正，并通过检查评定发现并解决被辅导者存在的知识和技能方面的问题，巩固已取得的辅导成果，调动和提高被辅导者的学习积极性，使被辅导者得到新的进步和提高。

群众文化活动的辅导过程是一个复杂的动态过程，对群众文化辅导模式、形式和方法的选择应因时而异、因地而异、因人而异，不应千篇一律、机械套用。此外，群众文化辅导过程也不是套用一种机制从一而终，而是要根据辅导过程出现的新情况、新变化，综合采用两种或多种辅导模式、形式和方法来进行。一句话，就是一切从实际出发，合理、灵活地选用辅导方式和方法。

第六章 公共文化服务体系下的群众文化建设

公共文化服务体系的发展和健全对提高全民族的思想道德和科学文化素质、建设富强民主文明和谐的社会主义现代化国家具有重要战略意义。本章对公共文化服务体系的内涵与构建、群众文化体制改革和机制创新、公共文化服务体系下的群众文化载体以及公共文化服务体系下的群众文化工作展开研究,从而为推进我国公共文化服务体系建设与群众文化工作提出一些建设性意见。

第一节 公共文化服务体系的内涵与构建

一、公共文化服务体系的内涵

(一)公共文化的概念

公共文化是相对经营文化而言,为满足社会的共同需要而形成的文化形态,强调的是以社会全体公众为服务对象的公共行政职能,目标是人人参与文化,人人享受文化,人人创造文化。公共文化是推动经济发展的重要杠杆,同时也代表着一个国家和民族的文明程度、发展水平。在全球化的发展态势下,一个国家的文化就是国家"软实力"的体现,也是其国际竞争力的体现。

在新时代背景下,为了响应国家的发展战略,满足广大群众的精神文化需要,我们国家确定了中国社会主义文化发展的总体战略,对深化文化体制改革、发展文化产业、建设公共文化服务体系等提出具体的指导思想和措施,这标志着社会文化自觉和社会文化自信达到了一个新的高度。因此,在构建公共文化服务体系的过程中,应全面贯彻和落实我国科学发展的战略思想,努力建设社会主义先进文化,配合国家全面实现文化强国的伟大战略,鼓励与号召每个普通群众积极参加到文化建设中来,因为群众文化的主体本来就是群众本身,只有每个人都热情参与,才能真正实现我国的公共文化建设,从而提高国家和人民的综合文化实力。

(二)公共文化服务的概念

公共文化服务是指,以满足社会成员基本文化需求为目的,着眼于全体公众的文化素质和文化生活水平,既给公众提供基本的精神文化享受,也维持社会生存与发展所必需的文化环境与条件的公共产品和服务行为的总称。因此,公共文化服务是社会治理的重要组成部分,主要体现在实现人民基本文化权益,推动社会文化繁荣。就我国目前的发展状态来看,加强公共文化服务体系必须建立覆盖城乡所有公民的、分布均匀、功能健全以及实用高效的公共文化服务体系。

二、公共文化服务体系的构建

(一)构建公共文化服务体系的重要性

一个国家的公共文化建设,首先是对公共文化服务系统的建设,因此,加强公共文化服务体系建设,是促进群众全面发展,尤其是提升文化综合素质的必经途径,是确保国家公民享受到文化服务的根本保障。与此同时,构建公共文化服务体系,也是提高国民思想道德水平和科学技术水平的关键,只有让人们在思想、道德、文化和科学技术等全方面得到提升,才能真正提升国家的综合实力,维持社会的稳定发展。

其次,就我国当前的发展阶段来看,加强公共文化服务体系建设是

第六章　公共文化服务体系下的群众文化建设

繁荣文化事业、实现文化强国的核心工作。改革开放以来,我国无论是经济、文化、军事、科技,还是农业、环境、教育等,都取得了骄人的成绩。然而,社会的飞速发展,需要文化的支持,人民群众物质生活的显著提高,对精神文化的发展需要也显得越来越迫切。因此,构建公共文化服务体系,是当前国家、社会和广大群众的共同需要。

构建公共文化服务管理体系并非易事,需要时间、财政以及广大群众从意识到行动的全面启动,因此,国家需要动员群众力量,以发展为主题,实施精品战略,培养优秀的文化人才队伍,建设功能齐全的文化服务设施,提高公共文化为人民群众服务的水平,基本形成覆盖城乡的公共文化服务体系。

(二)构建公共文化服务体系的路径

1. 创新公共文化服务平台

在公共文化服务平台的建设中,要始终具有创新意识,跳出原有的思维模式,在信息时代,社会的方方面面都处于快速发展的过程中,公共文化服务也不例外,为了适应社会的发展节奏,应积极主动地寻求创新,建设新型服务平台,将服务水平、工作效率以及服务内容进行整体的提升。当然,创新需要得到政府的支持和鼓励,在可行的范围内,积极开展公益惠民服务、网络文化服务和流动文化服务平台。充分利用互联网、新技术和新媒体的优势,采用最新的手段,为人民群众参与公共文化生活创造条件,营造良好的公共文化服务环境,努力将我国的公共文化服务建设提升至新的高度。

2. 创新公共文化服务方式

要从我国的国情出发,在设计公共文化服务方式的时候,要充分考虑到广大的农村地区,将公共文化服务推向社区和农村,全面提升服务方式。在政府倡导下,要求和鼓励引导民间团体和社会力量的参与,将公共文化服务的实体工作做得更细致、更完善,努力贴近群众的真实需要。比如以合作参股、资金赞助和免费提供公共文化设施等形式,使公共文化服务更加灵活多样,满足不同群众的不同需求。

3. 重视公共文化服务工程建设

政府要完善公共文化服务工程建设的相关政策,改进公共文化服务的投入方式,建立有关公共文化服务设施发展的专项资金,加大对公益性文化事业的扶持力度,重视公共文化服务设施建设,为人民群众提供良好的公共文化服务。此外,还要鼓励民间资本投资兴办公共文化产业,积极生产公共文化产品,便于公共文化服务活动的开展。在公共文化服务投入方面,要形成以政府投入为主、社会团体投入为辅的投入体制和机制。

4. 培养公共文化服务队伍

随着社会经济的快速发展,人民群众的文化需求越来越强烈,为此,政府有关部门要大力加强文化人才队伍的建设,提高公共文化服务队伍的素质。建设高素质的文化人才队伍必须要改变以往人才培养的模式,政府要制定培养文化人才的政策,不断深化和改革文化人才队伍体制,完善相关的人才培养激励措施,要做到尊重人才,努力培养文化服务队伍骨干。在公共文化服务体系建设中,要充分发挥文化人才队伍的作用,积极开展多种形式的公共文化服务活动,整合文化人才资源,营造积极向上的文化氛围,形成创新人才激励机制。建立培养文化服务队伍的激励评价制度,提高公共文化服务队伍的思想素质,积极培养创新型文化人才,牢固树立"人才是第一资源"的理念,注重发挥基层文化骨干作用。采取有效手段,吸引优秀人才进入公共文化服务领域,特别要制定优惠政策吸引高校毕业生到基层从事公共文化服务工作,以适应新形势下公共文化服务的需要。

5. 大力发展公共文化产品

发展公共文化事业需要多方面、多角度同时进行,全方位推进我国的公共文化服务体系建设。比如,通过发展公共文化产品,提升服务的维度和广度,在公共文化服务中,不断增强生产公共文化产品的供给能力,增加公共文化产品的总数、提高公共文化产品质量,向人民群众提供优质的公共文化产品。政府应鼓励社会和市场发挥创新能力,大胆开发和挖掘现有资源的潜力,生产丰富的公共文化产品。鼓励国有文化单位无偿提供国家投资的文化产品用于公共文化服务,对具有重要艺术价值

第六章　公共文化服务体系下的群众文化建设

的原创产品以及民间艺术生产传播要给予重点扶持。不仅要扶持发展文化产业,还要引导文化企业多生产价廉物美、安全实用的文化产品。

6. 开展公益性大众文化活动

政府要积极开展内容丰富、形式多样的公共文化服务活动,重视公共文化服务建设,不断满足人民群众的公共文化需求,积极开展公益性大众文化活动。一方面,向贫困地区农民提供免费公共文化服务,广泛开展公共文化志愿者活动,建立公益性大众化文化活动服务长效机制;另一方面,要增加文化服务内容,鼓励热心公益事业的各界人士为社区和乡村提供公共文化服务。着力完善公共文化服务体系,打造"全国性的公共文化建设示范区",建设城市"十分钟文化圈"。加强基层文化设施规划建设,推动公共文化服务均衡发展。积极采取措施调动社会力量参与公益性文化建设,形成公共文化服务多元供给机制。

(三)构建公共文化服务体系遇到的问题

我国目前的公共文化服务已经取得一定的进展,尤其是在经济发达地区,群众文化服务已经比较健全,比如像北京、上海、成都、广州等城市,博物馆、公共图书馆、文化馆以及各种形式的公共文化服务做得比较成功,让生活在那里的人可以方便地使用公益的文化服务。然而在相对落后的地区,情况却相差甚远,特别是在边远的农村,公共文化服务设施还比较落后,公共文化产品供给不足,公共文化服务体系还很不完善。

1. 政府投入与群众需求不匹配

尽管政府在全国范围内的市、县、乡镇等设置了不同级别的公共文化服务机构,但是随着行政级别的下沉,服务的质量也在不同程度地下降。这与当地的服务意识不足,以及当地群众的参与意识薄弱都有一定的关系。近年来,政府不断加大对文化建设的投入,但距离满足人们日益增长的文化需求还有较大的差距,特别是传统的公共文化服务体制已经不能满足现有的文化服务需求。例如,由于互联网和智能手机的普及,普通人获得文化信息的主要渠道就是电脑和手机,群众可以较为轻松地满足日常的文化娱乐需要,而乡镇级别的公共文化服务系统还停留在互联网时代之前,在当地的一些图书馆,还靠人工查阅资料,这样的效率显然已经落后于时代,必须升级服务能力,才能与群众的实际需要相匹配。

2. 公共文化服务设施与相应的功能不协调

整体而言,中国的公共文化服务设施大多集中在城市,基层和农村的公共文化设施相对落后。在一些社区和农村,由于公共文化服务经费投入不够,公共文化服务设施还很薄弱,且公共文化服务设施总量不够,难以满足广大人民群众对文化生活的需求。有的地方由于政策不配套、管理不到位,没有很好地发挥公共文化服务功能,造成了公共文化服务资源浪费。

3. 公共文化服务队伍的职能不够

公共文化服务面向我国所有的公民和群众,由于我国的特殊国情原因,我们的群众大多数都居住在乡镇等农村地区,这些群众的精神文化需要主要通过国家设置在基层地区的公共文化服务机构和组织来实现。但是由于种种原因,中国城乡的公共文化服务队伍职能存在较大的差异,表现为大城市的公共文化服务能力较强,人员队伍的素质较高,而乡镇的文化服务队伍整体上水平较为低下,尤其是基层的文化单位,人员从编制到能力都存在很多不足。甚至还出现基层文化站人员编制被他人占用,或者在职不在岗,完全没有尽到相应工作职责的现象。而大多数在岗人员又普遍缺乏所从事文化工作的专业知识和技能,也缺乏足够的热情。

(四)构建公共文化服务体系取得的成效

目前,中国的公共文化服务体系建设已经取得显著成效,人民群众基本文化权益进一步实现,各地方公共文化服务形成了自己的特色。

1. 全面优化我国公共文化服务设施条件

中国的公共文化服务具有较好的基础,未来的发展目的是新建和扩建更加现代、全面和专业化的公共文化服务设施。尤其是缩短城乡公共文化设施差距,避免强者愈强、弱者愈弱的局面产生。我国加大对公共

第六章　公共文化服务体系下的群众文化建设

文化服务的投入力度,为文化建设的健康发展打下坚实的基础。特别是国家加大了对"老少边穷"地区文化建设的扶持力度,开辟了公共文化服务新途径,并实施了全国文化信息资源共享工程、送书下乡工程等文化工程,向基层低收入和特殊群体提供基本文化服务,采用政府购买补贴等方式,不断探索公益性文化活动和社会化运作的方式,鼓励社会团体承办公益性文化活动。鼓励企业反馈社会,邀请企业家积极投入家乡文化的建设工作中来,发挥自身和企业的影响力,带动落后地区的快速发展。

2. 人民群众共享文化发展的丰硕成果

在推进中国文化建设过程中,政府为人民群众提供了丰富多彩的文化产品,同时也在不断探索公共文化服务体系建设的新路径,文化单位适应社会的需要转变机制,大大增强了公共文化服务的活力,提高了公共文化的服务质量。同时,国家实施了全国文化信息资源共享工程,拓宽了文化传播渠道,基层文化服务点遍布每一个角落,使城乡人民群众共享文化发展的成果。

第二节　群众文化体制改革与机制创新

一、群众文化体制改革

在中国文化繁荣的总目标下,首先要做的是深化文化体制改革,从体制上寻求群众文化建设的最佳入口,探索符合我国当前发展需要的主要文化诉求,保障社会公共文化服务建设的有效进行。体制改革需要政府主导,各级地方政府和部门要积极配合,要共同重视新时代背景下的公共文化事业,提升群众文化活动品质,促进群众文化产品的创新,对公共文化服务项目和公益性文化活动进行指导,同时不忘对传统文化的传承和发展,这是提高我国公共文化服务的根本方式。

(一)推进文化体制改革

1. 转变政府职能

积极推进文化体制改革,需要政府转变原有的职能,从实行政企分开开始,政府部分放权给企业,激活社会力量,从原来的以政府主导转变为政府指导,社会承担的公共发展方式。明确各自的职能分工,让人民群众主导群众文化建设,这是新时代背景下发展我国公共文化服务体系的核心环节。公共文化服务具有社会公益的属性,应切实履行公共文化的服务职责,强化其服务功能,同时也应该根据不同地区所具备的公共文化服务优势和特点,采取政企协作的方式。总之,应以维护人民群众的公共文化服务权益为基本出发点,以国家的繁荣昌盛为最终目的。

2. 加大公共文化市场供给

政府要建立区域公共文化产业体系,整合公共文化服务资源,重点发展公共文化产业和公共文化产品,不断提高公共文化产品的数量和质量,为公共文化服务体系建设提供支撑。此外,要充分发挥公共文化服务市场调节作用,采取合作经营等多种方式,增强公共文化服务功能,扩大人民群众对公共文化产品的选择空间,促使公共文化资源向公共文化服务领域流动。为确保文化产业的市场供给,政府要扶持发展有特色的中小文化企业,开发服务基层群众的文化产品和独特文化资源,凸显自办文化特点,活跃文化产品市场。

3. 加快公共文化设施建设

改善和升级公共文化设施是群众文化体制改革的基础性工作,在没有强大设施基础的条件下谈群众文化改革将成为空谈。公共文化设施包括公共图书馆、流动借阅亭、提供公益课程的网站或 APP、社区的文化角落、读书俱乐部等,以及针对老年人的公益文体设施,如养生俱乐部、太极拳小课堂等。这些公共文化设施建设应该考虑到绝大多数群众的需要,既包含针对老年人健康保健的相关设施,也包含针对幼童成长的益智教育、游戏等设施,以及帮助年轻人放松娱乐的文体设施等。

第六章　公共文化服务体系下的群众文化建设

总之,应积极实施文化建设工程,采用现代科技手段,尝试引入人工智能、生物识别等新技术,组织实施网络文化建设工程,不断创新网络文化建设的新模式,提升公共文化服务的职能。

(二)优化组织结构

随着经济社会的发展,乡镇文化站等基层群众文化机构的设置不能完全满足日益增长的群众文化需求。此时,社区的地位逐渐显现,社区专门成立基层群众文化机构的意义也愈发凸显。首先开展基层社区文化活动中心建设的是经济发展较为突出的东部地区。

在社区文化活动中心建设之前,我国政府文化系统内的群众文化事业机构是按照行政建制进行四级管理,即在省、市、县、乡设立群众文化机构,这是优化群众文化组织结构,向基层深入的表现。

(三)新媒体助力体制升级

在新媒体时代,应积极利用互联网和新技术的优势,助力公共文化服务体系的升级。群众文化活动属于公共文化和通俗文化的范畴,这一属性决定了群众文化建设必须建立在大众文化的基础上,也就是说文化形式应丰富多样,内容要通俗易懂,适合绝大多数人的接受能力。有了新媒体的支持,将极大地简化操作难度,降低技术壁垒,并且减少空间和时间上的限制,从而整体上提升公共文化服务的水平和效率。

通过新媒体的形式,可以一改往日社会公益活动的单一模式,并加速群众文化的发展,丰富群众文化的内容,让常规性文化活动与个性文化服务共存。比如在疫情期间,有不少音乐节和演唱会开始尝试以线上的方式实施,这样,只需要少数的演员和工作人员到演播厅,就能举办一场观众达数十万上百万的线上演唱会,而且观众无需提前规划行程,节省了酒店和交通的费用,坐在自家客厅就可以欣赏演出。除了演唱会之外,还有云上旅行、云上聚会以及云上沙龙等多种形式的公共文化活动。这在某种程度上会推进公共文化服务体制的改进和升级,也许很快会成为未来的主流趋势。

二、群众文化机制创新

（一）资源共享，普惠群众

中国是一个文化灿烂、幅员辽阔的国家，各地区经济发展水平相差甚大，文化发展状况也不一致。东部发达地区具有较为丰富的文化信息资源，而中西部欠发达地区虽然拥有深厚的历史文化底蕴，但是在文化信息传播中处于劣势地位。

2002年，为了在全国范围内实现中华优秀文化资源的共建共享，保障广大人民群众的基本文化权益，文化和旅游部与财政部联合发起了全国文化信息资源共享工程（以下简称"文化共享工程"）。该工程是利用现代化信息技术，将图书馆、博物馆、美术馆、专业艺术院团、各研究机构等文化系统单位拥有的文化资源进行数字化加工与整合，其中就包括图书、影视、戏曲、民间艺术等。通过互联网建成中华文化信息中心和网络中心，依托各级公共图书馆、文化馆（站）形成覆盖全国的服务网络。此举意在利用互联网技术加快文化信息资源的普及，从而消除不同地区在文化资源获得方面的不平等现象，使得老少边穷地区的群众也能享受到文化信息资源的服务。

（二）个性定制，按需分配

从根本上讲，如果要想做到全面提升公共文化服务的质量，增强群众的参与程度和满意程度，必须改变往日老套守旧的模式，要针对当前社会发展的形式，开展个性化服务的探索，将文化服务的工作做得更加深入和细致，让群众对公共文化产生浓厚的兴趣，充分调动不同文化水平和各个年龄段人的参与热情，让公益文化活动更加靠近每个普通人的生活，与他们的工作、学习、社交、兴趣爱好等充分联结，精准匹配群众的文化需求。

一直以来，在群众文化工作方面，很多公益文化做得自说自话，与群众的需求有很大距离，不仅造成公共文化资源的浪费，也让群众对公共文化服务失去兴趣和耐心。为了改善这一现状，政府应积极推进个性化定制公共文化服务的工作,真正做到让公共文化为群众服务,而不是徒有形式,尽管国家投入大量的财政支持和人员配给,最终却如同虚设。

公共服务的个性化创新,是指一方面应靠近当前社会的文化现象,努力贴近群众的生活真相;另一方面,改变原有的命题作文的形式,从群众需求出发,让群众提出文化要求,形成定制化服务的模式。让群众真正作为群众文化的主体,让公共文化服务真正退居到服务的位置,而不是主导的位置。但是个性化发展并不是任由群众随意发展,而是在国家整体发展战略的指导下,在符合国家法律法规的要求下,在不破坏健康有序社会秩序的前提下,积极发挥群众的聪明智慧,激发全社会的主动参与热情,让公共文化在每个人的日常生活中发挥出重要的价值和作用。比如,应该在全国范围内将文化馆、图书馆、阅览室、文化服务中心等公共服务职能下放到乡镇层面,让每个生活在乡村的农民也能根据自身的发展需求,找到公共文化资源,实现终身学习和自我成长。

(三)数字发展,打破局限

文化馆是群众享受基本公共文化权益的场所,本应该是贴近群众生活、使用频率最高的场馆。然而,首先传统文化馆作为实体公共文化空间,具有不可移动的物理性质。尽管国家积极开办基层文化站与社区文化中心,力争打通"最后一公里",让更多的群众能够享受公益性的文化服务,但是不可避免的是,"死角"永远存在。并且国家文化事业单位有着较为规范的开放时间。在2006年文化和旅游部发布的《文化馆管理办法(讨论稿)》中要求文化馆开放时间每天不低于8小时,并与当地群众工作、学习时间适当错开,在节假日与寒暑假适当延长开放时间。

虽然文化馆的开放时间尽可能地向群众业余生活倾斜,但是依然有许多上班族和学生会因为时间限制等原因,错失一些体验文化馆公益性活动的机会。

(四)完善公共文化服务机制

政府要加强公益性文化组织建设,不断完善公共文化服务质量评价体系,为此,公共文化服务机构要向社会公开服务内容、服务标准和服务程序,认真做好公共文化场所引导工作,进一步拓宽公共文化服务领域,增强公共文化服务能力,提高公共文化的服务水平,完善公共文化服务机制,努力营造公共文化服务的良好环境,为人民群众提供优质的公共文化服务。

政府投资的设施项目要坚持公益性,并在公共文化服务中发挥示范作用。

第三节 公共文化服务体系下的群众文化载体

公共文化服务体系主要是指政府主办或主导的非营利性公益机构,其主要功能是向大众普及文化知识,保障大众的基本文化需求,提供普世性的文化服务等。我国现阶段的公共文化服务体系按照行政序列逐层设置,因此基本覆盖了全社会的范围,并且做到向下级渗透,尤其重视对乡镇地区的群众文化服务职能。

当前我国公共文化服务体系下的群众文化载体主要包括文化馆、文化站和文化室等,覆盖了我国大部分群众的文化生活内容。

一、文化馆

(一)文化馆的性质和基本职能

文化馆是指由县和县级以上人民政府设立的公益性文化事业机构,是我国广大人民群众进行文化艺术活动的重要场所,是面向广大群众免费开放的公共文化服务场所。文化馆的主要职能就是提供适合多数人的文化普及和素质提高工作,通过向群众提供广泛的文化服务,不断提升社会居民的文化修养和道德情操,是繁荣和发展我国群众文化事业的主要官方途径。

(二)文化馆的工作任务

文化馆具体的任务有很多,比如定期组织群众进行知识竞赛、歌舞比赛、手工艺方面的技能培训,或者辅导培训基层文化骨干,挖掘保护传承非物质文化遗产等。每个地区的文化馆可以根据本地区的文化特色、民俗传统等情况,选择最适合的文化活动。通过开展群众文化工作,不仅丰富了群众的文化生活,提高了综合素质,同时对宣传党的路线、方针、政策,进行社会审美、德育等都具有积极作用。

一般地,我国市级、县级的文化馆主要活动内容如下:

(1)组织开展文艺演出、展览、讲座等群众性文化艺术活动。

(2)宣传和普及一些重要的文化作品,包括新近在国内外取得进展的重要文化事件和作品的巡讲活动。

(3)培养和挖掘基层的文艺骨干,培训基层的群众文化队伍。

(4)组织主题性的群众文艺创作活动,辅导和激励群众文艺创作人才的热情,培养和壮大优秀的创作队伍,激发民间的创作激情。

(5)组织配送和传输公共文化资源,并深入基层。活跃基层的文化交流活动,丰富人们的业余生活。

(6)随着科技的进步,在群众文化建设中加强对数字技术、新媒体技术以及"互联网+"的普及和教育工作。开设公益性电子阅览室,有针对性地开展数字文化的普及活动。

(7)分别以老年文化、残障人士文化、少儿文化等工作为重点,对特殊人群加强文化关爱,针对不同人群的不同需求开展群众文化活动。

总之,文化馆是公共文化服务体系的重要支撑,是社会主义精神文明建设的主要阵地。因此,全面提高公共文化服务水平,已成为当前包括文化馆在内的公共文化服务机构的主要课题。

二、文化站

(一)文化站的性质与基本职能

文化站是指由县级或乡镇人民政府设立的公益性文化机构,其基本职能是根据文化部对社会文化发展的指示,直接负责指导和组织基层的群众文化建设。比如开展书、报刊节借阅的公共服务工作,对时政、法制进行科普教育,定期举办一些文艺演出活动,活跃居民的文化气氛,同时根据社会的发展需要,适时提供一些技能的公益性培训活动,如何无障碍使用数字信息服务,如何有效利用公共文化资源等。对于一些少数民族地区的基层群众,还应该抓紧对民俗文化的保护和传承工作,包括对一些传统技艺、技艺传承人以及作品的保护和宣传工作。

(二)文化站的工作任务

每个地区的文化站,实际上是我国进行群众文化活动服务的主要执行单位,文化站的数量、涉及的地区和群众人数以及举办的活动数量都是最多的。一些社区或者村里的文化站,实际上联结着广大的基层群众,能够直接感受到普通大众对文化活动的需求和愿望。

文化站经常举办的群众文化活动如下:

(1)普及科学文化知识,传递文化信息。

(2)根据当地群众的需求和场地条件,组织开展丰富多彩的文体活动,比如电影放映活动,主题歌舞竞赛活动。

(3)辅导和培训本地的群众文艺骨干。

(4)在一些边远地区,还会开展群众读书、读报活动,特别是一些少数民族地区,还可以进行普通话普及教育等活动。

(5)搜集、整理、研究民间文化艺术遗产和做好文物保护工作。

三、文化室

(一)文化室的性质和基本职能

文化室一般是指设立在农村地区的村级文化室、乡文化室以及部队家属院的基层文化组织。最常见的形式以农户为单位,一个家族或者自然村的成员为主要组织对象,比如村里的篮球场、戏台、露天电影院等,这些文化室的形式多样,基本上以其自然条件为基本模式,有的在室内,有的在街头,活动内容主要是满足该社区居民或者村民的精神文化生活,体现出一些具体的功能,集娱乐活动、体育活动、文艺活动等多项内容为一体,具有明显的地方特色。这些文化室的基本职能是能随时随地

第六章　公共文化服务体系下的群众文化建设

组织片区居民,尤其是对丰富农民群众文化生活发挥着其他形式所不可替代的作用,它们在农村形成了具有强有力的凝聚作用的场所,大大促进了农村和谐社会的建设与发展。

(二)文化室的工作任务

随着国家对农业、农村以及农民"三农"问题的重视,以及社会整体经济水平的稳步提高,农村经济的不断发展壮大,农村文化事业呈现出健康发展的势头,我国的广大农民群众对精神文明的需求也提出了更高的要求。作为农村地区最小的群众文化组织,文化室显示出重要的角色地位。可以说文化室发挥着不可替代的作用,作为农民群众文化的重要支点,承担着组织群众文化娱乐活动、信息交流、技能培养、知识提升等多种任务。比如,散落在各个乡村的文化室虽然规模不一,软硬件设置方面也都比较简陋,但是这不妨碍广大农民群众追求精神文化提升的热情。作为农村群众最小的文化传播基地,文化室可以组织丰富的文化活动,比如组织农民读书看报,在重要的节日或者国家举行重要会议期间,可以组织农民一起观摩会议报道,大家一起学习和讨论国家对未来的发展规划,以及与农民生产、生活相关的政策和指导思想等。

另外,我国的许多民俗传统,更多的还是在广大农村地区得到较为完整的保留,而要发扬和发展群众民俗文化,就需要从农村地区抓起。文化室由于直接深入农村生活的第一线,因此还承担着传承我国民俗文化传统的重任。比如,通过组织经验丰富的老年人将传统技艺教授给年轻一代,培养更多的继承人,让宝贵的传统一代代接续下去,这是保护传统文化最有力、最直接的方式,也是农村文化室的重要任务之一。

农村文化室组织的最为常见的活动如下:

(1)组织村民开展读书看报活动。

(2)组织老年人开展非物质文化传承活动,将展示、保护与传承功能融为一体。

(3)评选家庭文体示范户,对表现突出的文化室进行宣传和推广,从而带动当地群众文化活动的广泛开展。

(4)组织村民学习最新的科技知识和致富信息。

(5)在一些节假日或者传统民族节日,组织当地特色民俗文化活动,如秧歌、戏剧、民歌会以及各类社火等;也可以组织优秀的文艺骨干开展诗歌会、故事会、交谊舞、健美操、街舞等比赛交流活动;还可以组织老年人有益身心健康的棋牌类活动、球类活动、养生活动等,比如打太极拳、八段锦等传统养生拳法等。

以上这些活动基本上涵盖了各个年龄段的农民群众的文化生活诉求,对于提高农民的精神生活质量,增长生产生活技能以及消除疲劳都具有积极意义。

总之,文化室不仅充实了农民群众的精神生活,还可以增长具体的知识技能,传承传统文化,全方面地营造广大农村的社会稳定、人民安居乐业的良好局面。以村级文化室为龙头的村级文化网络,将会以它小型、多样、方便、灵活的特点而更具发展潜力,其社会功能也不可忽视。大家聚在一起,开展一些健康有益的娱乐活动,这样既愉悦了身心,又交流了致富经验,这是把文化大院的社会服务功能与家庭经营功能有效地结合起来而产生的强大生命力,应该鼓励其加快发展。

第四节　公共文化服务体系下的群众文化工作

一、公共文化与群众文化的关系

群众文化和公共文化是两个不同的概念。在开展公共文化服务之前,有必要对二者进行明确区分。

群众文化主要是与专业文化、市场文化等概念相对,它研究和工作的对象是社会大众的主体,并没有作专业、市场或者文化的区分,其目的是引导、丰富和补充大众的文化生活内容,以人民群众自身为活动主体,以满足自身文化需求为目的。而专业文化的主体是专业文化工作者,对他们的专业要求较高,一般都需要经过严格的训练,因为其目的是满足受体的文化需求。市场文化的主体是文化产业,其目的是满足文化市场的需求。而公共文化所包含的范围较广,从内容的角度看,包括艺术、娱乐、新闻出版、广播电视、文物博物、公共图书馆等;从受众的角度,则理论上是针对我国的所有公民的。因此,公共文化的概念大于群众文化、

第六章　公共文化服务体系下的群众文化建设

专业文化以及市场文化。群众文化属于公共文化范畴,它更加突出的是群众性和社会性,同时也就具有鲜明的公共性和服务性。

我国《宪法》规定:国家承担着发展文化馆事业和开展群众性文化活动的责任。从这一角度来说,群众文化属于公共文化。群众既是群众文化的享受者,也是群众文化的创造者,因此,在公共文化服务体系下,发展和建设群众文化是全社会共同的义务和责任,人民群众在国家公共文化体系的支持下,积极主动地开展符合当前社会发展需要、符合新时代普通大众需要的群众文化内容和形式。

群众文化这一普遍存在的文化现象几乎贯穿了整个人类文化的发展史,渗透于各个时代、各个民族的生活、生产活动之中,有其强大的生命力和特殊的发展规律。但是在当前的社会发展背景下,公共文化的指导方向会有所变化,群众文化的追求目标也有所提升,因此,应该动态地理解和把握公共文化和群众文化的关系,以及相应的工作方向和工作特点,不断地融入新时代的文化、技术等因素,这样才能够建设起符合国家发展标准的公共文化事业、满足人民群众精神生活需要的高质量群众文化内容。

群众文化事业机构应该努力提高自己的能力水平,夯实群众文化事业基础,起到群众文化服务的骨干作用。群众文化事业与公共文化服务体系的关系为:群众文化事业既是公共文化服务体系的一个组成部分,又是一个相对独立的体系。

群众文化事业的发展要遵循公共文化服务的基本原则和规律,又要遵循群众文化的特殊规律;公共文化服务体系为群众文化事业的发展指明了道路和方向,推动群众文化的创新,群众文化事业的发展为公共文化服务体系建设奠定了基础,扩展了领域;群众文化服务属于基本文化服务范畴,同时,群众文化还存在着大量的群众自发组织的群众文化活动和部分非基本文化服务内容。所以,不能简单地把群众文化与公共文化服务画等号。

二、公共文化服务体系下的群众文化工作策略

(一)明确群众文化的发展思路

群众文化是一个活态的文化形式,具有自身的生命力和生长方式,

在工作初期,就应该有开阔的思路,而不是禁锢在一时一地的境况下。

首先,我国的公共文化服务体系是在国家和政府的指引下进行的,它必须符合中国社会主义强国建设的整体方向。在实现强国的道路上,公共文化服务具有不可替代的作用,是引领广大人民群众提升文化素质、共同成长的主要途径之一。因此,这是每一位公共文化服务体系内的工作人员应首先明确的思想。在这样的前提下,还应该从以下几个方面把握工作的策略和方向。

1. 做好服务队伍的培训工作

在服务群众之前,还应该先培训提供文化服务的队伍素质能力。他们是工作在基层群众文化服务工作第一线的群体,将直接决定国家制定的公共文化服务目标的实现情况,因此要确保这些工作人员具有良好的文化背景和学术专业,除了要有基本的学历和能力要求之外,还应该定期进行考核和培训,确保我国公共文化服务高质量、高效率地进行。

另外,基层文化单位应重视群众的主体地位,围绕群众对文化的真实需求做出及时的应对和处理,如此才能提升文化服务的针对性和有效性,满足群众的文化需求。

2. 提高互联网思维

在当前的新媒体时代背景下,信息技术与文化融合是发展群众文化的基本策略和思路,尤其在移动互联网的快速发展时期,群众工作和生活中无不需要互联网思维,比如日常的通讯、业务、出行、购物、学习、商务等都需要互联网和新媒体的支持,因此,未来的群众文化服务一定离不开互联网的语境,无论是公共文化服务人员还是人民群众,都需要通过互联网进行工作、沟通和交流,那么提升互联网思维就显得非常重要。

在"互联网+"发展计划的推动下,尤其是近几年发展态势强劲的新媒体产业,对群众基层文化的发展起到了明显的冲击和促进作用。以往上级下达一个工作指示,也许需要几天的时间才能传达到基层,但是在新媒体以及即时通信的技术条件下,实现了即刻接收指示、即刻做出应答。因此,这对公共文化服务工作的开展具有积极意义。作为国家的公共文化服务人员,应顺应信息化发展的趋势,努力提高自身的互联网思维,努力探索线上工作和服务的方式,推动线上线下互动,为群众文化活

第六章 公共文化服务体系下的群众文化建设

动提供专业化的服务,丰富群众文化活动的内容,以及为广大群众提供便利的条件。

(二)大胆创新,尝试多样的实践方式

针对当前群众文化多元化发展的趋势,我国的公共文化服务系统既遇到发展机遇,也迎来新的挑战,主要体现在以下几个方面。

1. 丰富群众文化的形式和内容

我国原有的群众文化活动,无论是形式还是内容,都具有一定的单一性。但是在新时代背景下,必须结合社会发展的需要,丰富群众文化的形式、内容。比如可以定期开展公益培训活动,组织各类艺术专业的培训和交流活动,引导群众熟悉和适应更加丰富多彩的文化活动形式。培训的内容可根据不同地区的实际情况而设置,比如在一些少数民族聚居区,应充分利用和开发当地的民俗文化、传统文化,组织技艺传承人进行交流和展示,并将优秀的传统民俗文化进行宣传和推广,包含少数民族的音乐、舞蹈、美术、工艺等门类,它既可以满足群众对多元文化的需求,也对保护我国的传统文化发挥重要的作用。通过组织公益培训,可活跃群众文化的内容,搭建起全民艺术素养发展平台。

2. 从群众中挖掘"专家"

实际上,群众文化的内容主要来源于广大群众,在民间有很多各具绝活的普通人都是可以挖掘的文化资源。通过探索和挖掘隐藏在群众中间的文化先锋或艺术骨干,可以最大程度地激活群众参加文化活动的积极性。因为这些来自身边的"名家"和"专家"可以一下子拉近群众与公共文化的距离,使群众找到主人翁的感觉。本来群众文化活动就应该展现群众身边的故事,体现群众活动的精彩,因此,从群众中挖掘素材是一个很重要的工作思路。

3. 利用新媒体丰富线上活动

快速发展的新媒体产业极大地促进了我国群众文化事业发展。因

此,在开展公共文化服务的过程中,应该充分借助这一时代的便利性,大胆创新,尝试探索丰富多元的群众文化活动。比如让群众足不出户就能够接受高质量的文化服务,包括艺术欣赏、技能培训、娱乐放松以及云社交等活动。比如借助互联网和新媒体技术,打造云课堂、云直播、云展厅等平台,形成了全覆盖的培训格局,提高了群众文化的影响力。

(三)发展具有中国特色的群众文化

1. 群众文化事业是公共文化服务的组成部分

群众文化事业是公共文化服务体系的组成部分,公共文化服务体系是一个大的系统,涵盖了文化工作的许多方面,既包括目前文化体制中的文化、广电、新闻出版等系统,也包括宣传、教育、体育、科技以及妇联、残联、共青团、工会等系统;政府办的公共文化服务机构包括了文化馆(站)、图书馆、博物馆、美术馆、科技馆等,还有青少年宫、工人文化宫、老年活动中心、残疾人活动中心、妇女活动中心等。[1]

2. 群众文化事业具有中国特色

公共文化服务体系的一些重要组成部分,如公共图书馆、博物馆等,在国际上具有普遍性,各国的公共文化服务体系都包括公共图书馆事业和博物馆事业。只有中国特色的公共文化服务体系包括了群众文化事业。中国群众文化事业的发展有其特殊的历史条件和历史进程,这是和其他国家不同的。国外也有一些和我国文化馆(站)类似的公共文化服务机构,如日本的公民馆、英国的社区中心、新加坡的社区中心等,但这些机构并不是真正意义上的群众文化事业,因为它们没有形成相对独立的社会文化形态,以及组织、机构、制度和理论体系。

3. 群众文化应以文化艺术为主要内容

群众文化活动的主要内容应该以文化和艺术为基调,以组织群众文

---

[1] 李景源,陈威. 中国公共文化服务发展报告(2007)[M]. 北京:社会科学文献出版社,2007.

第六章　公共文化服务体系下的群众文化建设

化活动、开展社会文化教育培训和基层文化艺术辅导为主要职能,提供公共文化服务,这是由群众文化事业在公共文化服务体系内的特殊规定性决定的。公共图书馆以文献信息资源为依托,向社会提供文化、信息和知识服务,开展社会教育活动;博物馆以自然和历史见证物的展示为基本工作内容,开展社会教育活动。这是由公共图书馆和博物馆在公共文化服务体系内的特殊规定性决定的。群众文化事业、公共图书馆事业、博物馆事业的存在和发展都有其不可替代性。

4. 群众文化是公共文化服务体系的源头

我国群众文化事业在革命战争年代兴起,在中华人民共和国成立后逐步发展,成为中国特色社会主义文化的重要组成部分,成为具有相对独立文化价值的服务系统,从而成为我国公共文化服务体系建设的重要基础。公共文化服务体系则是21世纪出现的新概念。

2000年,党的十五届五中全会第一次提出了文化产业的概念。2002年,党的十六大明确提出"要积极发展文化事业和文化产业",在实践中,公益性文化事业与经营性文化产业的分野日渐清晰。2005年,党的十六届五中全会提出要"加大政府对文化的投入,逐步形成覆盖全社会的比较完备的公共文化服务体系"的目标。它是我国公益性文化事业发展的一个新阶段,是由公共图书馆和博物馆在公共文化服务体系内的特殊规定性决定的。我国的群众文化事业经过几十年的建设,已经形成了省、地市群众艺术馆,县文化馆,乡镇(街道)文化站,社区(村)文化室五级群众文化网络,公共文化服务体系的五级网络,正是以群众文化网络为骨架形成的。

三、公共文化服务体系下的群众文化工作原则

公共文化服务的公益性、基本性、均等性、便利性原则是群众文化服务应遵循的基本原则。这也是由群众文化的基本属性决定的。

(一)群众文化工作的公益性原则

公益性指公共文化服务提供的文化产品和服务是免费或者是低收

费的,不以营利为目的,是区别于文化产业的根本特征。我国群众文化事业是社会文化公益事业,文化馆(站)是公益性群众文化事业机构,它是政府为满足广大群众的基本文化需求而设立的,无偿或优惠服务是它的主要提供方式。文化馆(站)的基本属性从建立开始至今都没有改变过。即使是在文化馆为了解决经费不足,在国家政策指导下开展"以文补文"活动期间,其公益性属性也没有改变。文化馆的有偿服务和文化经营活动主要集中在营利性的演出、电影放映、歌厅、舞厅和个性化艺术培训等文化市场领域,现在也不属于基本文化服务范围,而群众文化活动、基层辅导、业余文艺队伍培训等基本文化服务始终是公益性的;文化馆用于有偿服务和文化经营的部分是少数馆舍和人员,文化馆的主要资源用于公益性服务;文化馆"以文补文"的收入,主要用于补充开展公益性服务经费的不足。即使有少数地区、少数文化馆(站)的性质一度发生改变,也很快得到纠正。从总体讲,群众文化事业始终保持着公益性的基本属性。

(二)群众文化工作的基础性原则

公共文化的基本性,指满足群众基本的文化需求。群众文化服务提供的主要是面向广大群众开展的文化艺术普及型服务;面向业余文艺骨干和业余文艺团队开展的提高型服务;面向社会弱势群体提供的保障型服务等,这些都属于基本文化服务的范畴。

一般群众文化被评价为"业余"的,但业余并不代表低水平,"业余"更多地指群众职业外的、利用闲暇时间进行的文化活动,是群众最基本、最普遍的文化需求,包括在闲暇时间里进行文化艺术鉴赏、参与群众文化活动、提高艺术技能和业余文艺创作等。群众文化机构应把基本文化服务作为主要职能,努力提供高水平、高质量的基本文化服务。

(三)群众文化工作的均等性原则

公共文化服务的均等性可以从三个方面来理解:全体公民享有基本文化服务的机会应该均等;全体公民享有基本文化服务的结果应该大体相等;在提供大体均等的基本文化服务过程中,尊重社会成员的自由选择权。而这些正是群众文化群众性的要求。

第六章　公共文化服务体系下的群众文化建设

在我国,人民群众是群众文化的主体,不区分经济状况、家庭出身、受教育情况和职业背景等,人人都有享受群众文化成果、参与群众文化活动和开展群众文化创作的权利。群众文化尊重群众的意愿,人人都有选择自己喜爱的群众文化活动的权利。至于人民群众享有大体相等的群众文化服务,既是群众文化事业建设的一个原则,又是群众文化事业发展的目标。

(四)群众文化工作的便利性原则

公共文化服务的便利性,就是建立阵地服务、流动服务、数字化服务全覆盖的公共文化服务体系,让群众可以就近、方便地享受公共文化服务。群众文化供给、服务对象是全体人民群众,为了保障人民群众享受群众文化服务的权利,必须保障这种服务具有最大限度的便利性。群众文化活动的开展,不受民族、区域、季节等时间和空间的限制,其实现方式本身就具有便利性,公园、广场以及社区、农村的空地上,到处都可以是群众文化活动的场所,到处都可以组织群众文化活动。

在我国,群众文化机构的覆盖面是很广的,从省级、地市级、区县级文化馆到乡镇、街道文化站,再到最基层的文化室,网络延伸到最基层,从业人员数十万,这个覆盖面和影响面是其他文化机构所难以企及的。群众文化的流动服务也得到蓬勃开展,在"文化下乡""四进社区"活动中,群众文化服务是其中的主要内容。

四、公共文化服务体系下的群众文化工作方法

(一)实现群众文化服务的常态化

群众文化服务是一个需要长期开展的工作,并不是靠短期就能彻底提升和改变的,因此,从最初就应确定一个长久的目标和计划,并且根据当地的实际情况和文化发展需要,在结合当地实际综合水平的情况下,让群众文化既能符合社会发展的整体趋势,同时也能做到更加接地气,满足当地群众的认知水平和文化需求。并且努力将群众文化的工作做

实做稳,形成常态化发展,只有这样才能够真正做到服务群众,才能够让群众文化保持生机与活力,为实现强国做好最基本的准备。通过开展一系列的文化活动,为我国的城乡居民带来丰富多彩的业余生活,为能够整体上提高群众的文化素质做出必要的努力。

文化活动的组织者和执行者要具有责任感和使命感,在实际工作中,不断推进与加强群众文化活动建设,让群众文化活动融入人民群众的生活当中去。另外,群众文化工作者应将群众文化活动的长期性目标放在首要位置,建立有利于其发展的长久机制,让群众文化活动发展更具有长远意义。群众文化活动是一项长期的活动,只有建立了常态化机制才能保证群众文化活动的有效开展,才能保证群众文化活动取得积极效果。

最后,还要深入了解当地的民俗文化或者特色元素,努力将我国优秀的传统文化融入当代群众文化工作中,让群众文化更具厚重的文化感和历史感。这就要求文化工作者不断加强自我提升和自我学习,努力提升自身的综合实力,只有这样才能更好地为公共文化事业、为群众文化活动的发展提供价值、做出贡献。

(二)扩大群众文化服务的受众面

在开展群众文化活动的过程中,还应该意识到,群众文化面向所有大众,因此应该涵盖各个阶层、各种文化水平以及各个年龄段的人群,要以能够满足更多受众为工作方向。具体地,城市的每个社区和农村的每个自然村,都是开展群众文化活动的基本单位和主要场所,可以在此基础上进行区域性联动,从而形成社区之间文化活动的密切联系,这样不仅能够满足社区居民的精神文化诉求,还能促进居民之间的沟通与了解,鼓励基层文化活动的持续开展,促进和谐社会建设。

(三)在活动中融入民俗文化元素

我国是一个多民族国家,而且民族历史文化积淀深厚,因此,我国的群众文化活动具有多民族文化这一特色,应该将各地域的民俗文化和传统元素和当期主流群众的兴趣相结合,这样既可以丰富群众文化的内容和形式,又对传承和保护传统民俗具有积极作用。

第六章　公共文化服务体系下的群众文化建设

在实际工作中,还应该注意将传统的民俗文化与时代需要相结合,跟随时代的步伐进行创新,不能生硬地将传统习俗原封不动塞给当下的群众文化活动,那样势必不会收到良好的效果;也不能无视传统与民俗的存在,一味地西化,模仿西方的文化活动和内容,那样将失去中国公共文化服务的初衷,而且也是无源之水,不会长久。

总之,要以本民族、本地区的文化传统为基础,要以群众文化发展为导向,遵循因地制宜的方针,进行有针对性的群众文化活动。要最大限度地体现当地的人文特色,以最大程度地满足该地区的群众文化生活需求。我国不仅拥有丰厚的文化底蕴,而且地域辽阔,各地区之间的文化传统差异也很大,群众在文化活动方面的偏好也各不相同。因此,要满足不同地区人民的精神文化需求,并凸显地域文化特色,在此基础上开展的群众文化工作才能最大限度地取得预期效果。

第七章 民俗学视角下的群众文化建设

民俗是一项蕴含丰富历史与文化的综合科学,民俗学来源于民间集体的智慧,经过一代代人的自发传承才得以保存至今。在民俗学的视角下,群众文化建设是一个始终具有生命力的话题。本章将对群众文化民俗学的概念和范围、群众文化民俗学的性质与任务、不同民俗与群众文化建设,以及群众文化在民俗活动中的创新与发展进行阐述和分析。

第一节 群众文化民俗学的概念与范围

一、民俗学的概念

"民俗"学是一门研究民族和文化的科学。但是,相较于同样研究民族与文化的民族学、文化人类学或社会人类学,民俗学又有其独特的内容。民俗学概念的规定,各国有所不同,尽管民俗学在各国是独立的,具有很强的地域特色,以不同的民族、文化为中心展开研究。但民俗学最早是由英国学者提出的。

"民俗"这一概念是英国学者汤姆斯(W. J. Thomas)在1846年所提出的。民俗的英文为folklore,意为民众的智慧、民间传说。自此,民俗的概念被各个国家所接受和采用。民俗具有丰富的内涵,尤其在世界范围内,蕴含着诸多神奇的概念、信仰、传说,甚至是匪夷所思的风俗和传统。与此同时,民俗的概念还包含了研究民俗的科学,因此,也被译为民

第七章 民俗学视角下的群众文化建设

俗学。

民俗学的定义范畴以英国学者伯恩(C. S. Burne)的理论最具代表性,民俗学是一个概括的名词,其内容包含传统的信仰、习惯、仪式等具有独特气质的民间活动。在这些民俗中,有着丰富、浩瀚的生活图景,是由古至今发展而来,带有久远年代里的人们的生活情感、追求和美好愿望。其中有关于宇宙生物、人性、人造物、符咒、命运、疾病、死亡等事物的原始信仰;也有关于婚姻、继承、成年礼、渔猎畜牧等的习惯与仪式;以及神话传说、民间故事、歌谣、谜语儿歌等,这些共同构成了人类世世代代生命繁衍的丰富历史,也是文明发展的最原始动力。

如果要用一句话概括民俗学的特点,那就是民俗学关心的是民众的心理和情感方面的事物,与科学与技术无关。更为形象地说,民俗学家关心的不是农民耕种活动中各种工具的生产与设计,而是关心伴随着农田耕种过程中的各种仪式;他们还关心渔夫打鱼时所遵守的习俗和禁忌,关心在建筑桥梁楼宇时所行的献祭等事。由此可见,民俗学更多地关注人们的心理表现,但是它并不指向心理学范畴,而是涉及哲学、宗教、社会、组织、民间仪式等领域的一门综合的社会学科。

从原始社会开始,人类社会经历了漫长的发展和演变,直到进入今天高度发达的文明社会,这是人类世世代代谱写出的一部非常壮美的史诗,其间经历过异常动荡残酷的战争年代,也走过漫长的蛮荒时期,经历了不止一次毁灭性的自然灾害和疫情的侵害,尽管如此,这些带有远古基因的民俗却具有顽强的生命力,它们一路上紧紧跟随人类的生息繁衍,主要凭借着民间口耳相传的方式一直流传至今。那些古老的信仰、习俗、故事记载着人类社会变迁过程中产生的各种各样情感和精神寄托。民俗学是在文字出现之前就已经存在的文化形式,且携带着大量的生活在远古时代人们的情感与心灵故事,是一部有生命的历史。

尽管世界民俗具有复杂的体系,但是无论其起源于哪个国家或者哪个地区,都具有共通的法则和历史,这也是民俗学研究的有力支持,民俗的研究便是需要用现代的科学方法将这些传统的东西加以正确观察和归纳。

(一)民俗学的分类

英国民俗学家戈麦(G. L. Gomme)将民俗学分为传统的民俗和心

理的民俗两类。传统的民俗较多,所谓的传统是指继承祖先的行事风格,并且不愿做出改变,因而是从远古时代流传下来。如果要深究其中的原因,很重要的一点就是,由于现代的文明不是民众所创造的文明,因而只浮于民众生活之外,民众大多都不在文明的范畴之内。另外一个原因是,还有很多民众处于边缘偏远的地方,他们没有机会接触到近现代的思想与文化。

心理的民俗很少,由于有些人心理发育不完全,不能了解自然现象以及人类文明的结果,一般地,心理的民俗只有信仰。

法国学者赛比约(Paul Sebilot)在其著作《法兰西民俗》中对民俗做了如下分类。

1. 天与地

(1)天:星,天象。
(2)夜空中的精灵:夜,空中的迹象或声音。
(3)地:山峦,森林,岩石等地貌上的各种奇异迹象。
(4)地下世界:地下,洞穴。

2. 海洋与江湖

(1)海洋:海面与海底,海洋的浸灌,岛屿,海岸,海洞,传说中的船,海洋崇拜。
(2)江湖,泉水,泉的象征,井,河流,滞水。

3. 动物与植物

(1)动物:哺乳类野兽,哺乳类家禽,野鸟,家禽,爬虫,昆虫,鱼类。
(2)植物:树木,花草。

4. 人类与史实

(1)史前时代:立石,石碓,古冢,石器,巨石崇拜。
(2)纪念物:建筑的仪式,古迹,教堂,古堡,城市。
(3)人民与历史:教徒,贵族与第三阶层,战争,民间传说中的法国历史。

第七章 民俗学视角下的群众文化建设

(二)民俗学的研究范畴

在研究民俗学的过程中,曾经主要以原始、落后的民族和文化为研究对象,然而很多学者慢慢地意识到,对民俗学的研究不应局限于那些落后的、原始的、少数群体或者地区的民俗文化。实际上,民俗学研究也应该包含对文明地区和民族的研究。

对村落或者一些远离现代生活的风俗、习惯、迷信、传说或奇异的祭礼习俗等的研究,属于民俗学研究的内容,同时,对现代的、文明的社会生活中的民俗研究也同样重要。简而言之,民俗是生动的、有活力的,而且处于动态的发展变化中,人们不应该依据自己的判断简单粗暴地以地区或人群特征进行取舍。诚然,在那些文明发展相对滞后的国家和地区,的确有更多对民俗保留的痕迹,然而民俗与文明并不是相互对立不能相容的存在。现代社会,随着经济的高速发展,人们对精神文明的追求也是空前充满动力,也比以往任何时候更为方便、更易于操作。

现代民俗学的研究任务之一,就是挖掘和借助民俗的形式,丰富和提高群众的文化生活。因此,无论是偏远落后地区,还是文明高度发达的地区,民俗文化都具有绝大的潜在价值,对发展和丰富群众文化具有重要价值。

二、中国民俗学的发展

(一)中国民俗学的起源

中国作为一个文明古国,又是一个多民族国家,自然具有十分丰厚的民俗传统和积淀。但是中国民俗学的建立还是辛亥革命(1911)之后的事情。"民俗"一词最早可能出现在《史记·孙叔敖传》中,"楚民俗,好庳车";在《礼·缁衣》中也有"故君民者,章好以示民俗"之句;《汉书·董仲舒传》中有"变民风,化民俗";《管子·正世》中有"料事务,察民俗"。可见民俗的概念在我国古代已经较为成熟,只可惜对民俗学没有系统的研究和记载,大多都散落在其他文学和文献中,以及鲜活地保存于民间的生活劳作中。

以节日习俗为例，我国自古有春节爆竹拜贺、饮屠苏酒、挂桃板，立春吃春饼、四月八日浴佛、五月五日禳毒竞渡、七月七日乞巧、九月九日野炊、冬至赤豆粥禳灾疫等悠久的民俗传统。我国近代民俗学的发展还与从鲁迅和周作人发起的倡议有关。当年鲁迅、周作人在日本留学时开始对歌谣、神话等产生兴趣，并开始大量地进行研究和采集工作。1913年12月，鲁迅发表了《拟播布美术意见书》一文。他在文中明确发起了应建立民俗文化组织的倡议。同年，周作人发表于绍兴县教育会月刊第4号上的《儿歌之研究》一文中，首先使用了"民俗学"一词，该文后来又在北京大学《歌谣周刊》上发表。

(二)中国民俗学的发展

我国民俗学开始大范围地活跃发展起来，是从北京大学的歌谣征集活动开始的。当时的《北京大学月刊》和《歌谣周刊》对民间歌谣进行了广泛的征集和宣传，并且在社会上产生了大众的热烈响应。随后很多其他报刊开始陆续刊登歌谣、民谣等。

这些民谣或者歌谣，大多数都长期流传于民间，是某个地区的人们口述能详的传统歌谣，具有明显的地方性、民俗性和时代性特色。随着民谣、歌谣在民间与主流大众的传播，激发了民间新的创造力，又不断有新歌谣和民谣产生。

与歌谣一起活跃起来的还有民间谚语等，1923年12月，上海广益书局出版了胡朴安编著的《中华全国风俗志》，这是我国出版编写的第一本全国风俗专著。

《中华民俗》一书的作者乌尔沁先生曾指出，不管"民俗"这一词汇有多么复杂的意涵，也不管它具有怎样的不确定性，但其中有一点是基本恒定的。那个恒定的事物，指的就是在现实生活中，民俗一直处于不断循环往复的过程中，是在广大民众不断认同的、接受与传承中流传下来的，并且成为群体文化标志的一种独特的生活方式和文明进步。我们在这里所提到的中华民俗，其实就是中国民间各个民族大众日常的风俗习惯。是一个民族、一个国家或者地区的普通百姓在长期的历史过程中习得、整理、组织并传承下来的。

第七章　民俗学视角下的群众文化建设

三、群众文化民俗学的概念与范围

(一)群众文化民俗学概念的界定

群众文化民俗学的概念是：这是群众文化学和民俗学交叉而产生的一个群众文化学的分支学科。它的范围应该是：从民俗的角度，以民俗学的理论来研究群众文化活动、群众文化组织、群众文化工作、群众文化事业，从而全面推动群众文化健康有序蓬勃发展，以更好地满足人民群众日益高涨的文化生活需要。①

(二)群众文化民俗学对社会发展的影响

从历史唯物主义的角度出发，社会存在为第一性，社会意识为第二性，先有社会存在然后才有社会意识的存在。群众文化和民俗都属于社会意识形态，它们既是社会存在的反映，又反过来对社会存在进行反哺，群众文化民俗学就是一个典型的例证。民俗中所有的内容和形式，都来自社会发展过程中人们自然自发的创造，这些具有第二属性的人类创造并传承下来的产物，共同丰富和支撑着社会的发展，在现代文明出现之前，民俗曾经发挥着重要的价值，在人类的生产生活中起着指导和行为规范的作用。

群众文化是人类文化活动的一部分，而且，群众文化无论是在活动人数还是活动范围方面，都具有绝对的优势。群众的文化生活是人类生活中的一项重要内容，对人们的精神健康、社交生活、自我发展都具有重要的意义。只有在健康的可以顺利开展文化活动的社会环境中，人类才能有效地追求他们的文化生活，相对地，民俗也是在人类文化活动可以正常进行的社会环境中得以生存、继承和发展。

群众文化和民俗的种种活动形式反映了社会的生产力和生产关系，一定的生产力和生产关系就会反映到群众文化之中，也会反映到民俗活

---

① 金天麟. 群众文化民俗学研究[M]. 哈尔滨：黑龙江人民出版社，2004.

动中。群众文化和民俗都有相对的独立性,都对社会的发展产生重大的作用,或促进或阻碍,有时这种作用非常明显,影响巨大。

(三)从群众文化的角度理解民俗文化

群众文化与民俗学有着天然的内在联系。首先,民俗学包含的大量内容几乎无一例外都来自群众。与其他学科不同的是,民俗学研究的内容并非来自高等学府或者庙堂之上,而是源自最为质朴的民间群众。在新时代的背景下,群众文化的发展迎来了新的挑战与机遇。在合理的范围内,群众文化将被激发出更多的活力和可能性,跳出原有的认知禁锢,对包含巨大潜力的民俗文化进行深度挖掘,从满足和丰富群众文化的角度出发,在发扬和传承传统文化的基础上,创造出新的活力,使民俗文化与现代人的生活生产具有更加密切的关系,使古老的民俗文化发挥出更多的社会价值。

第二节 群众文化民俗学的性质与任务

一、群众文化民俗学的性质

民俗学作为独立的学科,在方法论的争论上,以德国民俗学界最为活跃,尽管它的争论是抽象的、概念化的,但是对民俗学的发展具有积极促进作用。

德国学者黎尔 1858 年在题为《科学的民俗学》的文章中是这样解释民俗学的:民俗学是立足于现代的民族的社会学,是探求民族生活的自然法则的科学。要从那些无秩序地积累下来的各个时代的民俗资料中,发现民族生活的一般法则,并将它们视为一个有机体,使之系统化、科学化。

群众文化民俗学的另一个重要价值在于,它是对历史的一个重大补充。在人类社会相当长的一段时间中,很多国家所记载的文献史料中,

第七章 民俗学视角下的群众文化建设

并没有普通平民的历史。也就是说,真正被认真书写和能够保留下来的历史,记载和描述的都是皇族、贵族或者掌握着统治权和话语权的少数人,而绝大多数平民,被一笔带过,甚至是被完全忽略的。所以,人类的文明史有相当一部分是缺失的、被遗忘的,并且很难从现有的历史中挽救和拼凑出来。

民俗学恰好能够对此进行补充。在这个意义上的民俗学研究和历史学一样,是对人类文化演变进行历史的分析,是了解一个民族或地区国民性的重要依据。那些被文献史学忽略的平民史,在民俗中得以保留。

因此,对民俗学的研究具有以下几个特点:

(1)不拘泥于文献史学所重视的年代和编年史。
(2)重点不放在文献史学所重视的固有名词和框架。
(3)重视比较研究。

因此,民俗学研究不是研究国家的历史,而是研究民族的历史,进而了解在人数上居于绝大多数的普通平民的过去。包括他们的思想、生活、生产规律、对婚丧嫁娶等所遵循的价值标准,在渔牧农作活动中所信奉的天道和墨守的规则,其中都具有丰富的研究价值和历史价值。反映着人类在生产生活中,摸索出的与自然相处的智慧和法则,其中的思想、文化、情感、信仰、伦理等研究价值是不可估量的。另外需要指出的是,在民俗学研究上,时间先后关系的不明确,常常受到批判,只要把民俗学作为历史科学来看待,迄今这仍然是一个值得考虑的方法论问题。

总之,群众文化民俗学具有交叉学科的性质。它既是针对风俗习惯、口承文学、传统技艺以及文化生活的研究,也是对群众文化生活的再创作,因此具有丰富的内涵和现实意义。

二、群众文化民俗学的任务

(一)群众文化民俗学自身的任务

对于大多数国家而言,民俗文化是一个民族宝贵的精神遗产。对当前的社会文化产生、发展和传播,具有内在的支撑作用,提供了宝贵的文化养料,同样地,对未来的社会发展和变迁,也将继续发挥不可替代的作用。因此,每个国家都有责任对本民族的民俗文化加以搜集、整理、选择和发扬,使它们得以被尽量全面和完整地呈现,使其发挥出更加积极的作用,为新时代的人类社会持续提供多元的精神养料,并且对促进群众文化民俗学的任务而做出一定的推动作用。

(二)探索民俗文化活动的规律

群众文化民俗学的另一个任务,是深入地探索群众文化活动的规律,这必然涉及民情民风等民俗学的研究对象。探索群众文化的发展规律,与研究社会组织、社会变迁、社会结构等民俗学方面的课题息息相关。探索发挥群众文化的活动内容、活动方式和社会功能,那么就会涉及民间的欣赏习惯、价值伦理和民间信仰等课题。

群众文化民俗学对于群众文艺创作的研究和关注更是居于重要位置。民俗,既是群众文艺创作的生活源头,又是群众文艺创作为群众喜闻乐见的必备因素。

因此,通过探索民俗文化活动的规律,来研究群众文化活动、群众文化发展、群众文艺创作的规律,从而能够进一步地发挥群众文化的社会功能,推动群众文化与时俱进,让古老的文化内涵焕发出新的社会价值。

第三节 不同民俗与群众文化建设

每一个地域都有一定的民俗,而一定的民俗又形成了一定的文化艺术。通过研究和搜集不同民俗的群众文化建设,可以构建出我国丰富的民俗文化图景。

一、遍布江南的灯舞艺术

以我国江南地区为核心的灯舞艺术形式丰富,传承较为完整。比如采茶灯、荷花灯、龙灯、鱼灯、花篮灯、狮子灯、蚌灯、响铃滚灯、彩蛇灯等,

第七章 民俗学视角下的群众文化建设

丰富了当地民间的群众生活内容,为人们的精神建构起到潜移默化的作用。在这些丰富的灯舞之中,要属马灯舞流传范围最广,影响最大,在民间舞蹈中有着重要的地位。同样地,马灯舞对地区的群众建设也发挥了最为突出的作用。

(一)马灯舞的现状

对马灯舞传承和发扬最为突出的是浙江嘉兴市的嘉善县,在嘉善县所有的11个乡镇中,均流传着完整的马灯舞习俗。当地的居民对马灯舞耳熟能详,几乎每个村都有马灯舞队。由此可见,这一形式的民俗文化在当地扎根之深厚、保存之完善、发扬之成功。马灯舞在嘉善县还被称为"串马灯"和"调马灯"。作为一种民间舞蹈,马灯舞演化出不同的分支和流派,形成多样的形式样貌,这种形态上的差异性对发展和传承其实具有一定的积极意义。这是因为,表面上的差异,会引起更多的关于马灯舞的研究和讨论,在探讨起源依据时,反而会不断地探索和挖掘这些久远的故事与内涵,这种不断的解释、讨论甚至争论,使马灯舞在现代人们的生活中一直是鲜活的,具有话题性的,因此更利于这一民俗文化内容的研究和传承。也许这正是马灯舞在嘉善地区如此广泛传播的原因之一。

1. 嘉善的马灯舞

嘉善县的马灯舞基本上是以自然村为单位,由村中的长者或具有一定威望的人物在每年新年拜年和走亲戚结束后,组织一次完整的马灯舞活动,一般时间都固定在正月十五夜,当地人称为"出灯"。马灯舞的规模可大可小,比较常见的是八"马"八"篮",即八匹马和八只花篮。"马"是竹马,用竹篾做骨架,再糊上彩色的纸,内放灯烛,此为"马灯"名称的得来。花篮也是由竹篾编成,样式十分丰富,有扇形、圆形、五角形、六角形以及八角形,并且这些形状还随着社会的发展不断有新的款式被创造出来,使这一古老的民俗一直保持着鲜活的生命力。另外,花篮用白棉纸糊在外面,有时候在特别隆重的时候,也会采用丝绢绷上,外面还会请画师精心绘上花鸟或代表丰收平安的图案,写上吉利喜庆的诗句,这些图案和诗句是马灯舞最活跃的一个环节,因为它们具有鲜明的时代性,会根据当下社会的价值导向而选择相应的积极的、喜悦的祝福话语。用心装点后的花篮,也会在内里放一支灯烛,成为一盏花灯,挂在树枝上或特别搭起的高架处。在树枝或者高架上,还会扎上常青阔叶灌木(意为摇钿树枝)和柏树丫枝(俗称百子),象征人财两旺。观马灯舞的群众会用手抚摸这些阔叶木和柏树的树枝,以求得彩头,为自己来年的生活和工作许下美好的愿望。

出灯是马灯舞的高潮部分,时间选择在吃过晚饭后,此时负责舞马灯的各位技师已经喜气洋洋地准备好,乐器有鼓、铜锣、铙、钹等,在村镇的广场表演一番后正式出发。

村民们也有一些固定的仪式,比如每家每户都在自家门口焚香点烛,迎接马灯队的到来。有些人家还会在廊下置摆八仙桌,备好各式茶点、水果和好酒。马灯队会串街走巷,经过每家每户,象征着为村民送去祝福。在家等候的村民要尽到东道主的责任,热情迎接马灯队,并为领队和队员敬上好酒,或者送上糕点,马灯队作为回报会在这些格外热情的人家门口即兴表现一番,表演结束后,还要唱小调,如杨柳青调、无锡景调紫竹调。然后留下祝福,继续赶路。

完整的马灯舞要一直延续到正月三十日结束,马灯队最后会回到村镇的广场上再最后表演一番,算是有始有终,然后把灯具全部烧掉,当地人称为"谢灯"。

由此可见,在马灯舞中凝结了许多意向,具有丰富的叙事。一个完整的马灯舞活动,既有首尾处敬天地的虔诚,也有中间穿街走巷为村民的祈福活动,以及村民间默契配合、互敬互爱的民间礼仪。这些都体现着中国民间自古以来就形成了融洽互助、团结友爱的良好传统,通过马灯舞的形式,可以生动地表现出中国普通群众文化民俗的缩影。作为一种群众文化活动,一种民间舞蹈,嘉善县各乡村的马灯舞大体相同,只是在具体的组合数目上、队形上存在一些差异。但是整体而言,嘉善县的马灯舞具有鲜明的地域风格,使嘉善地区也因马灯舞而闻名神州大地。

2. 上海的马灯舞

上海青浦金山区与嘉善相邻,这里的马灯舞与嘉善地区相比,有相似的部分,也有不同的方面。青浦当地的居民喜欢称马灯舞为"八马四花篮",或者是"跑马""串马灯"。青浦的马灯舞成形于清末民初,这在清

第七章　民俗学视角下的群众文化建设

同治八年《青浦县志》风俗篇中可以找到记载的文字,"元宵佳节,店户村落张灯燃烛,鼓乐相闻,童子携灯过市,昼夜欢歌翩舞,遍诣人户送喜,午夜不禁"①。

金山的马灯舞也是清末民初开始流传,是另一番情景。金山的马灯表演队人数众多,有时可能多达 30 至 50 人。前面有 20 多人作为护灯,接着是四盏马灯领路,后面由锣鼓队护送。按顺序是头马、二马和由 12 盏花灯组成的串马灯队。再后面是李三娘挑着一对花篮(作挑水状),一老头拿着旱烟杆,一老太手拿拐杖,一中年妇女,还有戏曲中打扮的许仙,最后一个是左手持花篮灯,右手持破芭蕉扇的骚搭子。②

由此可见,在活动形式上,嘉善县的马灯舞与毗邻地区马灯舞的差异进一步明显了。

上海的奉贤和崇明地区与嘉善并不相邻,相距在 100 公里左右,崇明和奉贤的马灯舞活动与嘉善的马灯舞在形式上具有更为明显的差异性。奉贤的马灯舞叫"跳马灯""武灯"。跳马灯由纸扎的马匹,大小与真马相似,在表演时由跳马夫把马牵出来,男的打扮为勇士,女的头戴两个发团,身穿大红对襟上装,腰束翠绿色汗巾,绿色灯笼裤。跑马夫前俯后仰,边走边舞,还学马嘶鸣。表演动作有一定难度,表演性更为强烈。

崇明的马灯舞称为"跑马灯"。表演时间从元宵至农历三月二十八日潮王庙会,历时两个半月,在时间和形式上都与嘉善和其他地区具有明显的差异。

(二)马灯舞当前的发展意义

马灯舞在整个江南地区都是一项重要的群众文化活动形式,只是在不同的地区略有差异,无论是嘉善、平湖、青浦、金山,还是奉贤、崇明、杭州、淳安以及无锡等地,每到正月的庆新年或是庙会上,都是马灯舞隆重登场的时节,它既是一种民间信仰的寄托,也是民俗文化的传承,承载着普通平民在重大节日里的一种社交和娱乐的需求,也是一个地区的村民在某种仪式下彼此表达邻里情谊的重要方式。

---

① 钟敬文.民间文化讲演集.中国首届民间文化高级研讨班[M].南宁:广西民族出版社,1998.

② 同上。

因此,马灯舞作为一种传统的民间活动,承载着重要的功能,是群众文化民俗中的一个典型代表。首先,马灯舞作为一种民间舞蹈,既是人们辛劳工作一年后,对娱乐和放松的需求,同时也表达了对未来的深切期盼,并通过这种充满仪式感的活动进行祈福祈愿,与此同时又与亲戚邻里之间表达了浓浓的情谊。通过这种群众文化活动形式,这一民俗载体,满足了村民即千千万万的普通平民的精神、心理和现实的需求。

或者可以说,通过马灯舞这一群众文化娱乐活动形式,不仅满足了群众对文化生活的需要,同时还很好地保留和传承了古老的民俗民风。经历了几百年的时间,它甚至不会因国家体制的改变而改变,具有强大的生命韧性,这也是民俗文化最重要的特点之一。无论国家、社会、文明以及经济如何发展,民俗文化自有其独有的发展脉络,从而丰富着一个国家的文化和历史内涵,并且也是绝大多数普通民众生活中表达精神诉求的途径之一。

在新时代的大背景下建设群众文化民俗活动还应该具有新的立意和追求,以符合社会和时代的发展步伐,对这些在民间具有深厚根基的民俗活动进行主动保护,使民俗文化在群众文化活动中更加鲜活,更加充分,从而发展出具有中国特色的群众文化活动。

二、影响深远的庙会文化

(一)中国庙会文化的起源

中国的庙会文化可以追溯到古代的社祭。作为一个农业文明古国,中国古代很早就出现土地神的文化,社就是土地神。在漫长的农耕文明时期,官方或者民间与之相关的土地信仰发展得极为成熟。由于土地是百姓赖以生存的根基,也是朝廷税收的主要来源,因此,土地丰收与否关系到举国上下的衣食供给和生命安危,也决定了皇权的稳定。在中国古代,历来有拜祭土地和天神的节庆与仪式。

汉代,庙会文化迎来它的鼎盛时期,《后汉书·张纯传》载:"元始五年,诸王公列侯庙会,始为禘祭。"可见汉代庙会的繁荣景象一斑。

历代史书关于庙会的记载并不少见。《史记·封禅书》上粗略地记

第七章 民俗学视角下的群众文化建设

载了秦汉间有一次庙祀高潮。

唐代陈元靓《岁时广记》"游蜀江"详细记述了春日庙会的景况:"蜀中风俗,旧以二月二为踏青节。都人士女络绎游赏,缇幕歌酒,散在四郊。于是,自万里桥,以锦绣器皿结彩舫十数只,郡僚属官分乘之。妓乐数船,歌吹前导,名曰游江。于是都人士女骈于八九里间,纵观如堵,抵宝历寺桥出,宴于寺内。寺前创一蚕市,纵民交易,嬉游乐饮,倍于往岁,薄暮方回。"

段成式《酉阳杂俎·前集》卷九《盗侠》中不但记述了无遮斋商人主持庙会,还记述了庙会上精彩丰富的杂技表演活动:"韩晋公在浙西时,瓦官寺因商人无遮斋。众中有一年少请弄阁,乃投盖而……捷若鬼神。复建翜水于结脊下,先溜至檐,空一足,欹身承其溜焉。睹者无不毛戴。"

《太平广记》卷四——《黑叟》载:"唐宝应中,越州观察使皇甫政妻陆氏,有姿容而无子息。州有宝林寺,中有魔母神堂,越中士女求男女者,必报验焉。政……祈一……孕,果生男,政大喜,构堂三间……政设大斋,富商来集。政又择日,率军吏州民,大陈伎乐……百万之众,鼎沸惊……"

由此可见,古老的庙会文化在神州大地具有重要的文化地位。是民间信仰的集体表达。从这些典籍中不难发现,庙会产生于上古年代,不仅有祭祀神灵的宗教意义,还有娱乐和吉庆的现实价值。

所以,庙会是群众文化活动的场所和载体,群众文化活动是庙会不可缺少的组成部分。

(二)庙会传承了群众文化

当前庙会文化在我国很多地方依然盛行,比如河南、广东、山东、江西、上海、北京等地,每年都是当地一项盛大的民家活动。实际上,在古代,中国的庙会活动范围更广。马书田先生在《华夏诸神》中对乾隆时期北京地区庙会作了统计,各种庙宇共有 1300 多处,关帝庙 116 座,观音庙 108 座,土地庙和真武庙都有四五十座,其他还有火神庙、龙王庙、玉皇庙、五圣庙、三官庙、天仙庙、地藏庙等,各有二三十座。[①]

在中国古代,很多城市都建有城隍庙。比如北京的都城隍庙、宛平

---

① 马书田. 华夏诸神[M]. 北京:北京燕山出版社,1999.

城隍庙、大兴城隍庙、江南城隍庙。这些城隍庙就是举办庙会的主要场所。每年的春节,对于那些老北京而言,逛庙会是一项常规的节日活动项目。在现代化程度高度发达的北京,每年的庙会活动显得格外特别,不仅具有浓重古朴的民俗风味,还是联结家庭情感的一个重要途径。而且,更加难得的是,可以在具有民俗特点的活动中重温古老的中华文明。而庙会恰好承载着这样的重要使命,在每年的新年伊始,在人们举家团聚的时节,共同以逛庙会的方式重新感受传统文化习俗的魅力,极大地丰富了群众文化生活,又传承了古老的中国民俗文化习俗。让古老的民俗融入新时代普通大众的生活中。

三、饮食中的民俗文化

(一)中国传统节日的饮食习俗

中国的饮食文化在世界上久负盛名,丰富的菜系,复杂的烹饪技巧,都是中国饮食的显著特点。然而,在民俗学的角度,中国传统文化中关于饮食有很多专门的习俗和讲究。比如,传统的节日礼仪中有特定的饮食习俗,而且盛行至今。比如元宵节吃元宵,含有骨肉团圆之意。清明节吃糍粑,置米酒,拜祭祖。端午节吃粽子,饮雄黄酒,含有纪念屈原和饮黄酒避邪之意。中秋节吃月饼,象征家人团聚。重阳节饮酒登高吃重阳糕,寄寓思乡怀人之意。春节除夕夜吃饺子是北方的传统习俗。俗话说,饺子饺子,交在子时,含有辞旧迎新之意。冬至节吃鸡蛋、桂圆。腊八节吃腊八粥等。

关于传统饮食文化的记载,在很多文学作品中都有体现,其中比较为大众所知的如古典名著《红楼梦》。在《红楼梦》中有大量对饮食的描写,如五十三回,讲述贾府元宵夜宴摆了一桌"合家欢"。"男东女西归座,献屠苏酒,合欢汤,吉祥果,如意糕",标志着节日饮食的礼仪习俗。《红楼梦》里三十九回说的是刘姥姥二进贾府时,送的礼是乡下新鲜的土产,用刘姥姥的话来说,都是"头一回摘下来的""留的尖儿"的土产。这是以食物送礼民俗的表现。逢年过节亲友间往来要互赠食品、糕点之类的礼品。这也是饮食民俗的一种体现。

第七章　民俗学视角下的群众文化建设

此外,除了饮食本身的寓意之外,在上菜的顺序,劝酒敬酒的礼节上,也有很多讲究。比如各种酒令的内容和方法都有一定的习俗约定。随着节日与饮食这样的载体,古老的民俗得以稳定地在民间传承下来,不仅丰富了群众生活的层次,也令传统不断地延续。

饮食中的民俗还体现在信仰上。自古以来,饮食与人类的信仰紧密相连。逢年过节时的祭神、祭祖离不开食物和酒。杀猪、杀牛、杀羊作为祭物,让天地神鬼享受,不仅在古代盛行,就是在近代也时有所见。给死者供饭菜供瓜果,尤其是在清明节到死者墓地上去供饭菜、瓜果更是普遍。在饮食中各地还存在不少禁忌,这也与信仰有关。如浙北渔民在吃鱼时忌把盛在碗里的鱼翻身,认为这样做渔船要翻身。

(二)饮食文化的发展建设

饮食是人类生活中一天也不能中断的,以饮食为载体的民俗,从而具有了得天独厚的优势。在饮食中发展和建设群众文化是最直接、效果最明显的一种形式。

1. 茶文化

中国的茶文化具有典型的民俗气息。最典型的是遍布各地城镇的茶馆、茶楼、茶肆、茶坊,既是人们饮茶的去处,又是群众文化活动的场所,满足了普通大众休闲、社交、娱乐的多种需求。茶馆、茶肆、茶楼、茶坊使饮茶习俗与群众文化活动高度有机结合。

2. 酒文化

和茶文化习俗一样,酒馆、酒俗与群众文化也是有着密切的联系。酒在中国出现更早,因此酒文化的习俗更为普遍和丰富。从历代所用的酒具、饮酒的方式、饮酒场所和饮酒节日的流传等,都丰富了饮酒的习俗和传统。比如,从饮酒方式上,座席有筵席、案儿、八仙桌、圆桌之分。在饮酒过程中,还会有很多祝酒词、祝酒歌、祝酒令等相伴。在饮酒的方式上,有压酒、温酒、巾滤酒、滴淋等方式。在饮酒的场所上,有酒肆、酒家、酒楼、酒店等,这是饮酒的主要场所。

酒的习俗为文学作品提供了丰富的素材,我国历代文人墨客都与酒有不解之缘。例如唐代大诗人李白的千古名篇《将进酒》，宋代大诗人苏轼的《水调歌头》，晋代诗人陶渊明的《饮酒二十首》都有关于酒的名篇佳句。此外关于酒的文学作品就更多了，比如《红楼梦》《水浒》《三国演义》，几乎每一部古代名著中，酒都是重要的创造素材。

在新时代的背景下，中国的饮食习俗需要与群众文化产生新的联结，在文化传承上寻求新的突破，使传统的习俗焕发出新的生命力。比如以传统饮食习俗与多媒体、旅行酒店文化等相结合。中国的饮食文化博大精深，不仅可以丰富本地区、本国的群众文化生活，而且还可以将中国的饮食习俗传播到世界其他地方，发展出多元的存在形式。

四、川剧、皮影、唢呐等民俗的建设

在四川剑阁地区，当地的乡村文化发展较为突出，尤其是乡镇文化站带动了整个地区的民间文化繁荣，比如像川剧、皮影、花灯、唢呐、傩戏等在农村十分活跃。该县对群众文化生活的重视，体现出全面下沉的特征，即不仅在县城内有相对成熟和完善的文化站中心，甚至在大多数的镇里和乡村，都建设有文化站、书库等发扬传统文化和民俗文化的站点。这无疑对发扬和传承民俗文化以及开展群众文化活动起到重要的作用。这些文化站承接了中国农村地区最基层，甚至是落后地区群众的文化普及和组织工作。它们与义务教育并行，是非教育系统内的面向普通大众的文化活动，主要目的是发扬地区民俗文化，丰富当地群众的业余文化生活。乡镇文化站同时也发挥着配合乡镇党委政府的中心工作，举办科技推广、宣传教育和各类知识培训，利用重大节日，开展文艺演出活动等。

从群众文化的角度出发，乡镇文化站对民俗文化的传播具有不可替代作用。在立足本地文化特色的基础上，努力对传统文化、民俗活动等进行积极主动发展和整理工作，随着时间的推移，在当地逐渐形成了一定的影响力，这对整个地区的群众文化活动都起到很好的带动作用。使川剧、皮影、花灯、唢呐、傩戏等在农村地区非常活跃，不仅丰富了农民的文化生活，而且对整理和传承我国民俗艺术起到积极的促进作用。

第四节　群众文化在民俗活动中的创新与发展

一、群众文化中的红色文化传统

（一）沂蒙红嫂

在山东沂蒙山区有一个伟大的母性群体,她们一直都是沂蒙甚至山东地区人们的骄傲。沂蒙红嫂送子参军、送夫支前,缝军衣、做军鞋、抬担架、推小车,舍生忘死救伤员,可以说是不遗余力地为革命献身,谱写了一段段感人至深的红色传奇。其中最具代表性的人物,也就是红嫂的原型明德英。明德英是沂南县岸堤村的村民。1941 年 11 月 3 日晚,一名遍体鳞伤的小战士庄新民艰难地跑到明德英家中,他在与日军对抗的战役中不幸受伤。明德英见到后,非常机智地把小战士隐藏在一座石墓里,急忙帮助他包扎伤口,由于伤势严重,小战士进食困难,明德英便毅然将自己的乳汁喂给小战士。后来,她又杀了两只母鸡熬成鸡汤为小战士滋补身体,经过明德英半个多月的精心料理,小战士终于康复并返回了部队。1943 年,明德英又从鬼子的枪林弹雨中抢救出了 13 岁的小八路庄新民。1955 年在上海工作的庄新民终于与明德英取得了联系并建立了母子深情。不仅如此,明德英还先后把儿子、女儿、孙子等送入子弟兵行列,她用一生谱写了爱国爱党的感人事迹。2009 年 9 月 14 日,明德英被评为 100 位为新中国成立作出突出贡献的英雄模范之一。她的勇敢和大义,感动着无数人,以她为原型先后创作的京剧《红云岗》、舞剧《沂蒙颂》、电视剧《红嫂》等文艺作品更是成为红色文化的代表。

（二）胶东乳娘

在山东的胶东地区有我国著名的红色基地,可以说胶东是中国革命的红色摇篮。在这片热土上,曾经有一批伟大的女性群体,在抗日战争时期做出了杰出的贡献。

在抗日战争进行得最艰苦的时期,不仅有大量的伤亡军人,而且这些军人的很多后代还处于婴幼儿阶段,这些幼儿的父母要么在战争中牺牲,要么要随部队迁移,而行军中充满危险,随时可能遇到敌人,因此无法携带婴儿。这时候,胶东地区的一群英雄母亲用无私的大爱,保护了这些襁褓中的婴儿。在革命年代,胶东育儿所 300 多位乳娘和保育员哺育 1223 名革命后代的故事,凝聚了超越血脉亲情的乳娘精神,这是军民生死与共,你以命相救,我以命相助的思想根源。

以胶东乳娘为背景创作了大量艺术作品,包括电影、绘画,以及许多文学作品等,这些作品也成为我国群众文化的重要构成要素,并为后世的文化创作发挥着指引作用。

二、民俗活动载体的创新

若想保持我国的民俗活动与时俱进,必须重视对群众文化活动载体的创新。有些民俗活动以节日为载体,比如马灯舞、庙会等,包含普通大众的朴素信仰。有些如皮影戏、川剧、唢呐等,需要对技艺传承人加强保护,并结合当前的文旅活动,使它们在新时代找到更多更稳定的载体形式。总之,无论是哪种形式的民俗文化或者活动,只有保持创新,才能在新的时代、新的形势下进行有效的发展。

(一)群众文化活动机构的创新

群众文化活动的有形载体对于开展群众文化工作至关重要。比如乡镇的文化站、文化中心、文化馆。但是这些机构基本上都是国办的、公益性的文化事业单位,在创新上显然缺乏足够的动力。因此,需要积极鼓励民间私人团体的热情参与,让群众文化习俗由群众做主。

1. 主体的多元化

公益性文化设施的建造,公益性文化活动的兴办都将从过去完全由政府文化部门承担向集体、个体、民营单位或部门共同参与转变。也就是说,承办公益性文化事业的有政府所属的文化部门,即国办文化事业单位,而更多的是私人的、民间的文化机构,还有一些是"混合型"的,改变以往群众文化设施由国家包办的单一模式,在投入主体组织实施主体上呈现多元化。

民间力量积极探索群众民俗文化的建设路径,探索市场化的运作方式,使运作一方在得到经济回报时,群众多层次的文化需求也得到相应的满足。

2. 文化样式的多样化

改变传统的群众文化工作单纯搞文化娱乐活动的做法,把思想道德教育、科技卫生知识普及、体育活动广播电视宣传等都有机地纳入群众文化工作中去。在农村,在发挥群众文化娱乐功能的同时,还应满足农村求知、求美的心理需求。这样,使群众文化活动的载体所承载的量和面都大大地拓宽和延伸,表现出多样性。

3. 文化内容和形式的知识化

随着社会的发展、人们知识水平的提高,群众文化工作中的知识性、信息化要求也越来越高,群众文化必然要在传统文娱活动基础上注重知识化、信息化,在活动载体上力求适应知识经济时代的发展要求。

4. 运作方式的社会化

群众文化载体的运作方式有三种:一种是市场化运作;一种是群众自娱自乐型运作;一种是完全公益型运作。完全靠公益型运作难以满足群众的文化需求,也难以使公益性的群众文化事业单位搞活、搞好。公益性的群众文化事业机构在公益性运作的同时,也需要积极探索市场化运作,大力培育群众自主运作能力,确保群众文化活动载体的承载能力和正常运作。

比如,举办大型群众文化活动,经济上的投入是很大的。如果单靠文化馆来做,显然有困难。在市场经济条件下,很多文化馆改变思路,采取了走向市场实行产业化运作的方式。他们不是把举办大型活动作为负担,而是作为一个"平台",在这个"平台"上,可以宣传企业产品树立企业形象、展示企业文化。文化馆借助企业的资金开展活动,企业借助文化馆举办的活动扩大影响,提升企业的文化品位。

(二)民族节日文化的功能创新

1. 开渔节

传统节日有岁时节日、祭祀节日、庆贺节日、农事节日等,节日虽然是"无形"的,但也是群众文化活动的载体。有些节日,如春节、庙会有着盛大的、丰富的群众文化活动。随着时代的发展,有些节日消失了,有些节日带有浓重的封建迷信色彩,不能适应时代发展的需要,故节日文化的创新是必然的,也是迫切的。

在中国南方,有丰富的渔收节庆。比如"开渔大吉"等仪式一直在民间流行。到开渔季节,渔民头戴笠帽,身穿黄色衣服,在 12 位少女的翩翩起舞中,向着大海尽情地吹奏,百叶龙绕着全场飞舞着。金色的沙滩上,渔民们或手执船桨,或背负渔篓,引吭高唱着渔工号子,与 5 万观看的渔民、游客随着阵阵波涛欢乐地跳起舞来。

另外还有鱼灯会、马灯队,渔区丝竹小调,渔工号子。有"三月三、踏沙滩""妈祖赛会""七月半放水灯"等民俗活动,更为隆重的还有"祭海盛典"。在每年的开渔节,古老的民间文艺在新的民俗活动中获得新的活力。吸引数以万计的群众和游客前来观看,促进了当地的海洋旅游业发展。

2. 火把节

节日文化可以在原有的民俗节日基础上,结合时代的发展特点和需要大胆进行创新,在不破坏传统习俗的前提下,为其赋予新的内容或新的功能,使传统的"老"节日焕发出新的光彩,使当前的年轻人对传统习俗产生更多的认同和联结。我国云南地区的火把节是一个多民族共享的传统节日,当地的彝族、白族、纳西族、基诺族、拉祜族等民族都非常重视火把节,每个民族关于火把节都有不同的传说,具有丰富的文化内涵。今天的火把节,由于传承较好,而且与当代的文化潮流进行完美的结合,因此火把节又被称为"东方的狂欢节"。以前的火把节都是由民众自发组织,在山地举行,由于山地交通不便,主要是当地居民参加火把节,因此节日带来的经济效益不高,规模也不大且长期处于难以突破的状态。为了进一步振兴民族民间文化艺术,开辟民族民间舞蹈新天地,丰富民

第七章　民俗学视角下的群众文化建设

族群众的文化生活,并促进民族地区商业贸易往来和激活当地的旅游经济。当地政府积极开展节日文化的创新尝试,把传统的民族民间文化活动同经济建设结合起来,于是由政府组织在县城举办火把节,并认真做好宣传推广活动,于是逐渐吸引了全国各地的年轻人赶来参加,逐渐发展成为一个在全国范围内都具有相当影响力的"东方狂欢节"。从1989年起,在火把节期间,县城里呈现出一派喜庆气氛,白天鞭炮声声,夜晚火把映辉,礼花焰火在县城上空五彩缤纷。由12个乡、镇业余文艺演出队和县文工队组成的民族民间文艺队伍到街头、广场及单位巡回表演。伴随着轻松欢愉的喜庆场面,在火把节期间还显著地带动了当地的经济活动,各种各样的商贾云集,游客攘攘异常热闹,于是,融旅行、表演、观光、度假、购物、美食于一体的现代狂欢节娱乐项目逐渐成熟起来,全面地带动了当地的经贸活动,取得了良好的经济效益。

实际上,中国是一个多民族国家,而且文明积淀深厚,每一个少数民族都有自身的文化传统习俗,这极大地丰富了我国的民俗文化内容。而这些民俗文化大多还处于当地族群自发传承的状态,没有形成很好的影响力,并且如果始终得不到助力和发展,有些民俗活动呈现出逐渐萎缩的迹象。因此,国家应该鼓励这些地区,将传统的节日文化进行创新,努力使他们获得新的动能,并与经济活动相结合,将群众文化活动与民俗活动有机地结合起来。

节庆文化对于推广城市发展、提升城市形象和影响力,具有明显的积极作用。比如广西南宁,利用民歌举办了南宁国际民歌艺术节,人们不仅可以欣赏到中外民歌手精彩的表演,同期举行的经贸洽谈会上还为当地带来了大批的订单。实际上近些年来有各种形式的以民俗活动为基础的文化节在全国各地都有举办。例如潍坊的风筝节、云南的泼水节、舟山的沙雕节等,以及名目繁多的戏剧节、旅游节、书画节、黄酒节、葡萄节、杨梅节、桂花节、桃花节、美食节、汽车节、家电节、购物节等。不仅丰富了群众文化生活,而且还带动了民俗活动的创新和发展。

三、群众文化活动内容与形式的创新

我国是由56个民族组成的,多民族国家自然会形成丰富多元的民族文化和群众文化,包括节日习俗、民族体育、游艺活动等,都是丰富群众文化生活的重要内容。然而,古老的习俗和文化也在持续地发展与创新中,无论是内容还是形式,在不断吸收当代文化思潮的过程中变得更加具有生命力。一些根植于劳动人民生产与生活中的习俗文化,如今已经发展成为颇具特色的群众文化活动。这也是保护、传承和发展民俗文化的重要途径。

(一)荣成渔民号子

我国有漫长的海岸线,因此衍生了大量的以打鱼出海为生的渔民的民俗文化传统。比如山东威海地区的荣成市就有著名的荣成渔民号子。依海而生的广大渔民在长期与大海、大风、大浪的抗争中,创造出了极具地方民俗特色的渔民号子,并随着时代的发展不断地演变和发展,它们内容成熟、形式多样,成为渔民生产劳动中不可缺少的古老歌谣和精神号令,在荣成沿海区域广泛流传。

渔民号子既是指挥生产、协调动作、统一行动的口令,又是鼓舞情绪、调动精神的号召,其最初的形式非常简单上口,经过年复一年的演变,逐渐发展出丰富的音节和唱词,内容十分丰富,并且具有强烈的艺术气息。特别是在20世纪50年代至20世纪70年代,荣成的渔民号子发展强势,其音乐性、节奏性都非常强,形成了气势雄浑、喊唱交替的荣成渔民号子,并在渔民们的新老交替中一代代流传下来。

荣成渔民号子有以下三种类型:

(1)拼命号子(也称"生死号子")。用于海上遇到风暴、顶风逆流或者在遇险救急的情况下使用。

(2)自由号子(也称"一般号子")。用于拉大船、蹬船、拉网时使用。

(3)抒情号子(也称"欢乐号子")。多用于渔船收港的时候,其旋律优美,流畅欢快,带有明显的歌唱风格和浪漫色彩。

(二)石岛大鼓

石岛大鼓是渔民特有的庆典表达方式,集中体现了鱼虾满舱、渔船靠岸时人们的喜庆心情。每年正月初一和十五早饭后,以各渔村为单位,自发地组成锣鼓队,从各村出发,沿着石岛主道行进,一直延伸到各渔港码头,最后汇集在石岛镇广场,活动时间一般持续到中午。

第七章 民俗学视角下的群众文化建设

石岛大鼓在中国民间音乐体系中属打击乐类中的集群固定型锣鼓。由数百年前的单鼓表演逐步发展完善为多鼓、队鼓、集群方阵鼓表演方式。也可根据组织主题要求进行单鼓、数鼓及方阵鼓队表演。最多可组成近 30 台方阵,人数可达 200 余人,气势壮观,具有强烈的艺术表现力。

四、群众文化活动领域的创新

(一)发展民间工艺品市场

民间工艺既是群众文化的一部分,又是民俗活动的一部分。随着新的民俗形成,催生了一些有特色的文化产业,如民间工艺品市场,也可以在新的民俗中得到发展。这是群众文化活动创新的一个方面。

发展民间工艺品市场首要的是研究民俗与民间工艺品的关系。我国有很多具有丰富文化内涵的民间工艺品,但是由于长期得不到重视和保护,有些已经濒临消失,比如百宝嵌、玻璃画、旱船、撕纸等。

百宝嵌是用金、银、宝石、玉石、青金、松石、翡翠、玛瑙、珊瑚、蜜蜡、象牙、犀角、玳瑁、沉香、螺钿等原材料做成各种形象,再把它们嵌入紫檀、黄梨、漆器等日常生活用品或美术工艺品上,使之成为一幅完整而深具艺术品位的图案。百宝嵌是中国古老的工艺美术品种之一。百宝嵌的工艺可大可小,可繁可简,有的用料繁多,加工复杂,有的简单方便,意蕴无穷,但表达的都是综合性工艺美术对创造能力的选择。无论繁简,都同样凝聚着民间工艺大师的智慧和精湛的技艺,是值得传承的重要文化遗产,由于它的丰富性和包容性,因此还是一种充满艺术内涵的群众文化活动。值得有关部门大力探索,争取让这些民间工艺活动为丰富群众文化生活做出新的贡献。

(二)构建群众文化的网络辅导

群众文化辅导是文化馆、站的日常工作之一。群众文化辅导是普及和提高群众文化水平和业务能力的一种手段,是针对群众文化生活中某个方面的需要,提供专门的独特帮助和指导。有多少群众文化工作者夜以继日地在从事辅导工作，并取得了重大的成绩。但是随着时间的推移，有一些传统的辅导方法已经不适应了。群众文化辅导的手段也需要创新，需要采用先进的现代信息技术，先进的技术传播先进文化。

近年来，网络文化迅速普及。网络文化改变了人们的文化生活方式。上网，已成为大众，特别是青少年喜欢的一种时尚。在网上，各种音乐、美术、舞蹈、戏曲、文学，各种娱乐形式都得到展示。在这个虚拟的世界里，有"文化馆""博物馆""图书馆"。可以在网上尽情地阅览名著，也可以把自己创作的作品在网上发表，还可以在网上玩各种各样的游戏，玩到尽兴而归。网络文化使多元取代了单一，商业取代了专业，人们可以选择多种文化样式。网络艺术创作与传统艺术创作迥然不同。网络逐渐进入千家万户，意味着一种新时尚的流行；群众文化多元化时代的到来，意味着网络改变了人类生活。网络艺术改变了人们对艺术的理解。

第八章 新媒体时代的群众文化建设

群众文化随着社会经济和文化的发展而不断发生变化。新媒体作为一种新型的大众信息交流和娱乐形式,在现代人的生活与工作中发挥出令人惊叹的作用,影响着人们生活的方方面面。本章将从新媒体时代对群众文化的需求、新媒体时代群众文化建设存在的问题以及新媒体时代群众文化建设的开展三个方面展开分析。

第一节 新媒体时代对群众文化的需求

一、新媒体时代的相关概念

新媒体时代,不仅在信息传播方面有了划时代的进步,甚至在社会发展的方方面面都产生了翻天覆地的变化,甚至改变了人们的生活方式、工作方式和娱乐方式。新媒体在信息传播过程中具有明显的优势,比如强大的交互性、即时的传播性、发布渠道的多样性,以及信息来源的多样性等,都是新媒体不同于传统媒体的绝对优势所在,如此强大的功能,必然对社会发展产生重大影响。

在人类的发展历史中,特别是人类逐渐进入文明社会以来,也伴随着媒体的发生和发展过程。每一次媒体技术的变革,都会引起人类社会的显著变化。尤其是从纸媒进化为如今的新媒体,直接形成了知识爆炸、信息爆炸以及群众文化生活的极度丰富局面。在技术迭代十分迅速的今天,各类新媒体层出不穷,新媒体的外延更是不断地翻新和拓展,有时候甚至让人有应接不暇之感。在信息时代,不仅是新的技术变革和物质形态变化可以产生新媒体,新的软件、新的信息服务方式以及新的信息渠道都是新媒体诞生的因素。

(一)新媒体定义

相对于传统媒体而言,新媒体还是一个不断变化的概念,这主要是由于当前的技术迭代太快,人们对信息的需求也在日益增长,这一切催生了新媒体其实一直处于不断发展和变化中。目前国际上较为主流的观点认为,新媒体主要是基于计算机技术、通信技术、数字广播等,通过互联网、无线通信网、数字广播电视网和卫星等渠道,以电脑、电视、手机等实现个性化、细分化和互动化,能够实现精准投放,点对点的传播。

我国学者对新媒体的定义也存在一定的差异。陆地认为,新媒体是媒介终端或功能创新的媒体(2014);新媒体已成为我国传媒产业领域的新生力量(鞠立新,2013);也有学者从文化学角度解读新媒体是一种新的文化(2012)。

对于目前还处于发展变化中的新媒体,在研究的时候也应本着动态的研究理念和方法。新媒体的出现还是近几年的事,真正蓬勃发展起来就更是最近两三年的事情。目前主要以"交互式数字化融合媒体"为主要形式,向用户提供信息和娱乐等服务,而且其娱乐功能逐渐高于信息功能。在智能手机普及的今天,无论年龄老幼,当代人对新媒体产生了越来越多的依赖性,而且主要是基于新媒体的娱乐功能。

中国在互联网商务和移动互联网产业的发展已经明显居于世界领先位置,这无疑也促进了我国新媒体产业的快速发展。目前,我国的新媒体广大用户不仅需要借助新媒体获得日常生活、工作和学习的必要信息,而且新媒体也是人们进行通信交流活动的主要媒介,承担着人们日常的工作、社交、娱乐、购物、出行等方方面面的重要媒介功能。而在群众文化活动方面,新媒体日益体现出它所具有的强大优势。

(二)新媒体的形式

新媒体首先建立在新的技术形式上,先进发达的通信技术保障了新

第八章　新媒体时代的群众文化建设

媒体的快速迭代和不断发展。其次,现代人对生活的高标准要求,尤其是对精神生活、娱乐方式以及享受有了更多元、更个性化的需求,使得新媒体的产生具有坚实的社会基础。新媒体的变革直接改变了人们以往的生活方式,这主要是由新媒体的特性决定的。以往的媒体,基本上掌握在官方或者大的集团手中,人们获得信息只有被动接受,没有任何主动选择甚至自由发布的权利。而当前的新媒体形式,不仅加速了信息传播的速度,而且也增加了信息采集的渠道,使每一个团体或者个体,都可以创造优质的信息,或者生产并分享有价值的内容产品,从而极大地丰富了广大受众的生活。

最初的传统媒体包括书信、报刊、广播、电视等几种形式。而新媒体则相对种类繁多,目前受到较多关注的新媒体不下几十种,包括网络电视(Web TV)、网上即时通信群组、虚拟社区、播客、搜索引擎、电子邮箱、门户网站、手机电视、手机报、微博、微信等。其中有的属于新的媒体形式,有的属于新的媒体硬件、新的媒体软件、新的信息服务方式。

(三)新媒体的要素

不管如何定义新媒体,存在怎样的差异,但是与传统媒体相比较,新媒体所具有的一些要素是显而易见的,这些要素决定了新媒体无论未来如何变化和延伸,都不会脱离其本质。一般而言,新媒体的概念包含如下几点要素。

1. 数字技术和网络技术是新媒体的根本特点

新媒体主要是以计算机信息处理技术为基础,以互联网、卫星网络、移动通信等作为运作平台的媒体形态,它包括使用有线与无线通道的传送方式,比如互联网、手机媒体、移动电视、电子报纸等。如果说传统媒体是工业社会的产物,那么新媒体就是信息社会的产物。新媒体的发展是建立在数字技术和网络技术基础之上,每一次数字技术的更新,都直接决定了新媒体功能的拓展。

2. 多元的信息呈现方式

与传统媒体的另一重要区别在于,新媒体的信息呈现是多元的、立体的,它的角度更加全面,层次更加丰富。比如新媒体以包括声音、文字、图形、视频等单一或复合的形式呈现,具有较高的科技含量。因此,多媒体能够带给人更加丰富的体验。

3. 商业模式的创新

新媒体不仅是技术的创新、平台的创新,其商业模式、运营机制等也都具有较强的创新。也就是说,与传统媒体相比,新媒体变化的不仅仅是新技术的运用,更有商业模式的创新、组织方式的创新。和传统媒体相比,新媒体在经济效益方面开拓了许多新的渠道。

二、新媒体时代的发展特点

(一)信息的即时性传播

新媒体时代最主要的两大主流媒体分别是网络媒体和移动媒体。网络媒体依托互联网的技术和平台,使媒体传播速度和形式得到空前的发展,使人们摆脱了传统媒体时代对书籍、报纸、杂志等媒介的限制。比如,以往的信息传播有固定的周期要求,从撰写、设计等内容生产环节,到付诸印刷再到摆上书店或报刊亭的货架,需要人员的多次交接才能实现,其中有一定的时间成本是不可能省掉的。而依托互联网的新媒体,主要就是内容生产的时间,一旦完成创作,无需转换空间,通过电脑上的简单操作,即刻就可以上传到平台上,用不了几秒钟,全球各地的消费者就可以收到该信息,极大地提高了效率。

智能手机的颠覆性发展,对新媒体的迭代发展起到重要的推动作用。移动互联网极大地延伸了互联网的发展空间,从室内固定的地点,发展到人们可以随时随地进行信息的生产以及消费。这一切对人类生活方式产生了深远的影响,它是历史上任何一种传播媒介都无法比拟的。移动传播媒介凭借其独有的特点,已经成为有史以来增长速度快、普及程度高的新型传播手段,被誉为"第五媒体"。

第八章　新媒体时代的群众文化建设

（二）对生活方式的改变

新媒体时代的另一个发展特点是，信息传播的多元化发展。由于信息科技与媒体产品的紧密结合，新媒体带来的媒体创意新经济，使得原来传统媒体从规模经济转向了范围经济、共享经济等模式，各类高新技术手段不断翻新着消费和支付的手段。这又直接影响着他们的生活，为新经济模式铺就了技术和平台。

随着新媒体的发展，人们的信息获取方式、学习方式、社交方式、消费方式、出行方式、娱乐休闲方式等都得到不同程度的改变，这符合新时代人们对群众文化的内在需求，也符合社会发展的必然趋势。

三、新媒体时代对群众文化的突破

随着新媒体时代的到来，其不可抵挡的发展态势，以及给社会带来的几乎是日新月异的发展变化，对现代人的生活理念、生活追求和彼此之间的交流互动方式都提出新的挑战。以往，人们的思想观念是建立在长期稳定的社会生产方式基础之上的。而在新媒体时代，社会的信息交换方式、经济发展模式以及人际交往模式都发生了极大的突破。人们必须调整原有的生活理念和思维模式，以适应新媒体环境下群众文化生活的方方面面的改变。而实际情况是，有许多群众文化工作者还没有从思想意识上进行突破与改变，还在一味地因循守旧，抱着固有的传统观念不放。在新生事物与旧有观念的矛盾冲突中节节败退或是固步自封，使得群众文化陷入了被动、不利的境地。因此，为了适应时代的发展进程，满足人民群众日益提升的文化生活诉求，必须寻求创新和突破，从而使群众文化工作发挥出应有的作用。

（一）思维创新

新时代环境下，国家和人民对社会主义精神文明建设都提出了更高的目标，人们对精神文明也有了新的诉求。在当今社会，物质文明高度发达，这对群众文化建设工作带来很多便利，同时也提出了更多的挑战。

然而，无论哪一种工作的开展，思想观念都最终决定着最终的成效。开放、创新的思想观念往往也代表着先进性。对于群众文化工作，创新思想是重要的先决条件，只有思想创新，才能从意识上、行为上以及最终结果上产生创新。

群众文化活动的建设需要从创新思维着手。保持群众文化活动的吸引力是新媒体时代的突出特点。只有具备足够的吸引力，才能让广大群众更好地参与到活动中来，活动的价值才能得到更完美的体现。在当前环境中，各种新媒体的出现，拓展了群众文化的种类和内容，也提升了群众文化生活的丰富性和便利性。人们足不出户，便可享受到交流的乐趣，甚至随着视频技术的发展，人们通过视频连线就可以实现让身处世界不同地区的两个人，体会到仿佛面对面一般的真实感，这是传统媒体完全不可想象的。因此可以推演出，在不久的未来，随着技术的快速发展，还会发展出更加丰富的服务形式，满足人们的多种需求。

总之，保持思想上的不断创新，与时俱进，才能使思想得到转变，化被动为主动，使群众文化活动得到更好的开展。

（二）方法创新

1. 提升群众文化的品质

群众文化是人们日常生活中的重要组成部分，是社会发展进步的结果。群众对精神文化的需求也随着时代、社会和个人的发展而不断提出更高要求。需求已经从原来的单一化转向多元化发展。当前，群众的精神文化需求已由单纯的兴趣爱好转变为"求知、求乐、求美"的多元化需求。既有强调文化享受的，又有要求彰显个体文化素养的；既有追求"下里巴人"传统群众文化的，又有崇尚"阳春白雪"高雅文化的；既有积极参与的，又有爱好展示的。不一而足。

随着社会的进步，以及人们受教育水平的不断提高，绝大多数人对精神文化需求的意识显著增强，而新媒体时代也具备这样的服务能力。只要用心发展，群众文化一定会朝着多元化的发展方向逐渐迈进。

第八章　新媒体时代的群众文化建设

2. 拓展群众文化活动的开展途径

推进新媒体平台的建设,以及开发新媒体的功能都是进行群众文化突破的良好途径。利用新媒体开展群众文化工作,可促进群众文化工作不断实现多元化、普遍化的发展,新媒体这一形式保证了信息传播的迅速性和丰富性,在某种程度上也保证了信息的相对可靠性。人们喜欢在各种新媒体上分享个性化的信息,获得专业性和多样性的信息,这些都从不同维度上解放了原来信息渠道的单一性和封闭性特征。通过建立网站、微博、微信公众号等方式,可以在较短的时间、较大的范围内获得较强的宣传效果,与生活在不同地区、不同国家的人们建立高质量的联系和互动,拓展了群众的文化活动空间,丰富了文化交流的内容。使人们实现足不出户便可以结交世界各地的朋友,获得世界上其他国家和地区的文化信息。

3. 挖掘群众文化的服务功能

群众文化的服务功能具有普遍性和独特性,这完全取决于它要面对的对象群体需求。由于新媒体降低了媒体的生产成本,尤其是自媒体时代的到来,只要你有热情,就可分享自己独特的见解或者生活方式,就可以吸引一众同好。因此,新媒体时代,群众文化的建设和发展不是少数人的责任,而是每个人都可以参与进来的事情,由于新媒体的这一特性,使媒体的服务功能得到空前扩展,对群众文化的服务也得到显著提升。当然,为了得到更多人的喜欢和认可,也需要投入相当多的时间和精力,甚至是挖空心思才能挖掘到令众人喜欢的内容,但这也正是新媒体的魅力所在。总之,通过应用现代信息技术,优化新媒体平台功能结构,通过文本创意、视音频创意、虚拟现实等方式涉及文化传播单元,实现文化内容数字化、网络化,方便群众对文化信息和服务的访问,加大群众对文化活动的知晓度与参与度。

四、新媒体时代对群众文化的需求

随着经济发展,我国群众文化事业正处于发展改革的探索阶段,对于目前存在的一些问题,我们要在肯定目前群众文化建设取得成就的同时，正视发展面临的问题。当前的群众文化事业发展形势主体良好，较好地满足了当前群众的基本文化娱乐需求。

(一)对群众文化服务方式的需求

相比于之前的群众文化建设，新媒体时代的群众文化建设更加呈现出专业化和规模化的趋势。首先体现在服务形式上，一方面，由于经济的快速发展，人们的生活节奏变快，对文化生活提出更加专业化的要求。群众文化服务需要使人们在紧张的工作间隙得到彻底的放松和满足。另一方面，群众逐渐满足了文化基本需求，正向着更高层次、手段更加多样化的文化娱乐方式转变。同时，对于文化消费的日渐增长，带来的是人们对于流行文化的欣赏口味和审美判断也在不断改变，对于新文化、新事物的接受能力非常强，这就意味着群众文化的形式需要更加贴近群众的实际需要，力求对群众文化事业的创新，借助互联网等高科技手段提升公共文化服务水平。

(二)对群众文化服务内容的需求

群众文化服务与其他文化服务的不同之处在于，它天然具有极强的传播性和渗透性，群众文化的集群效应可以将一个地区的一次文化活动，迅速传播到其他地区，甚至是全国、全球各地。比如今天发展异常火爆的短视频媒体，只要内容够好，上传到 YouTube 上很快就会得到千万的浏览量。这反过来也助推了整个短视频内容输出者的整体水平。在新媒体时代，群众文化建设不能只依靠原来官方的、主流媒体的带动，还要积极鼓励来自民间的智慧和能量，打破传统的文化藩篱，只要是有利于人民群众的文化都应该批判性地吸收。

当然，在新媒体时代也催生了网红经济，这是社会的进步，但同时也具有一定的弊端。因此，每一个个体都应该保持清醒的认知，每个人都有责任维护群众文化服务内容的健康和活力，杜绝低级趣味的传播和发展。

第二节　新媒体时代群众文化建设存在的问题

一、群众文化建设内容不足

(一)群众文化的内容较为单一

在新时代背景下,群众文化的建设表现出一定的局限性和滞后性,主要体现在群众文化活动内容较为单一,很多地方,尤其是经济发展较落后的地方,还停留在几十年前的舞蹈、棋牌等内容上,这显然已经不能满足当代的主流人群对群众文化生活的需求。

现代人的思想观念不断发生变化,在精神文化方面,也逐渐提出了较高的要求,对于单一推广的内容进行分析,针对群众多元化需求已经难以更好地满足。这种在思辨上的懒惰性,制约了群众文化活动的正常发展,并直接打击了群众的积极性,也损害了地区群众文化发展的信心,尽管有一些机构和社区也一直在搞群众文化建设,然而他们的思想意识和能力,反而制约了群众文化的发展。

在一些乡村地区,虽然也积极开展新媒体背景下的群众文化活动,比如直播歌咏比赛,直播民俗舞蹈等,但是由于文化底蕴不足,方式过于简单,内容缺乏创新,并没有什么观赏性,更谈不上艺术性,于是也不存在有持续发展的可能性。

(二)部分内容肤浅化、恶搞化

1. 肤浅与恶搞拉低了群众文化的趣味

新媒体是一个开放的平台,每个人都可以参与其中,这虽然丰富了信息渠道,赋予每个人以平等的发言权,但是由于一些人的文化素质低下,很容易出现内容信息的表面化、形式化和肤浅化问题。

文艺群众产生的文化产品逐渐以市场功利化需求为价值导向,所传播的思想内容缺乏理论高度。群众文化是服务于群体的,由于我国整体的群众文化建设较为落后,因此在建设的过程中表现得起步慢,群众的接受能力又参差不齐。群众文化是建立在一定的文化基础和审美基础之上的,而无论是文化修养还是审美能力,广大群众表现出极大差异性。即使生活在一个城市一个社区的人们,对文化生活的追求也是千差万别的。于是为了照顾接受能力较低的人群,我们的群众文化建设总显得活力不足,且欠缺文化内涵。

整体上,当前在群众文化推广中,其内容还不够丰富,难以提高推广活动的社会影响力,也很难激发群众的喜爱之情。而实际上,群众文化活动应该具有多方面的内容,可以满足不同审美情趣和文化水平的人群才是健康的、合理的。

当前社会处于剧烈转型期,当代青年人就业压力加大。在这样的背景下,许多年轻人发明了一些消极的网络热词,比如"啃老""躺平"等,这些网络语言的迅速普及其实反映了部分群众的黑色幽默,通过自贬和自嘲来表达内心的彷徨与不安,以调侃的方式缓解内心的焦虑。但是,在病毒式传播之后,类似的网络热词开始成为社会人群的通用交流用语,不免将一些消极的心理暗示进行传播,从长远看,必然会带来不良的社会影响,甚至一些更为粗俗的俚语传播,影响了群众的认知结构和知识来源、文化进步。

2. 新媒体的初期低级趣味不可避免

新媒体发展最为直观的社会结果,便是信息量的绝对增加。但这同时也意味着,惊人的增长速度之后是信息真假难辨的尴尬。而越是低俗不雅的内容,越具有病毒式传播的能力,这些内容将对未成年人的身心健康造成一定的危害。另外,还有一些人因为怀有不良的动机,故意在网络散布谣言,影响了社会治安。

因此,为了应对新媒体初期不可避免这类问题,应该鼓励人们创造出高质量的信息内容,从而带动整体新媒体环境积极的良性竞争态势。

(三)群众文化建设缺乏活力

群众文化的建设不应一味地以满足群众当前的文化需求为终极目

第八章 新媒体时代的群众文化建设

标。我们很多地区在搞群众文化建设时,显得毫无主见也毫无创新,只是被动地响应国家的号召,在现有的条件下组织一些可有可无的文化活动。这就导致进行组织建设的人毫无激情,参加活动的人也是一种食之无味、弃之可惜的感觉。如此一来,本来应该精彩纷呈,用以满足广大群众文化生活,陶冶群众情操的活动,成为形式大于内容的一种存在,缺乏应有的活力。在一些发达国家,群众文化生活常常是非常丰富多彩的,比如一些南瓜节、泥巴节等具有地方传统的群众文化活动,是男女老幼都乐于参与的群体活动,显然在这个方面我们还有很多需要学习的地方。

二、群众文化建设机制不完善

群众文化是社会主义精神文明建设的重要组成部分,发展社会主义精神文明必须提高群众文化建设,为了精神文明建设的进步,加强文化建设是时代的要求,是广大居民的要求。文化建设既是群众文化工作的基础,又是构建社会主义和谐社区的重要内容。想要把文化建设提高到一个新水平,就要在发展中不断创新,在创新中不断发展,让文化在社会主义建设事业中发挥更大的作用。但目前的现实是,群众文化内容优劣并存,且劣质内容要多于优质内容,低级趣味占有相当大的比重。

(一)法律法规未能跟上

传媒与出版业属于一个暴利行业。受新媒体广大的受众市场与几何倍的利润回报的驱使,一些供应商表现得为了流量和变现而不择手段,无视法规法纪,向网络中大量投放、传播不良信息。

因此,这就需要有关部门尽快完善相关的法律法规,净化新媒体的发展队伍和人员,为群众文化的健康发展创造良好的法治环境。在对新媒体的管理中,法规制度应该越规范、细则越清晰越好,从而使牟取暴利的运营商罔顾社会责任,导致市场经营秩序无法得到维系。

版权,作为一种民事权利,就是法律赋予创作者对自己创作的作品的表达、复制、传播及利用的控制权。它不是专指文学艺术和科学作品,在新媒体的各种平台上,由于版权规范并不到位,导致一些原创性素材被一再地抄袭。

(二)文化建设经费不足

经费严重缺乏仍然扼制我国大部分县级文化建设和发展的瓶颈。群众文化建设也需要经费的扶持,特别是乡镇等这些底层的群众文化站,由于乡村经济整体上处于落后的局面,因此基本上都依赖国家和政府的经费支持才得以运营下去。

(三)管理运行机制落后

在一些社区的文化活动中心,还存在明显的管理运行模式上的落后和不足。由于体制机制等原因,一些地区的区文化馆、图书馆与社区文化活动中心在业务互动上还不够顺畅,社区文化活动中心的管理还相当落后,社区文化站和文化馆的工作人员大多是一些学历低、年龄大的老年人,他们缺乏创新的积极性,已经跟不上新媒体时代的发展需要,对很多新兴的事物并不了解,又何谈建设。尤其在乡镇地区,有些文化站的管理人员连基本的电脑操作、智能手机的运用都不是很清楚,可以说与新媒体时代存在一定的隔阂。同时,他们也不具备创新的能力,这群人的管理只局限在日常简单的打理工作,而对于通过结构性创新、通过新媒体时代的多种优势条件来发展群众文化建设活动,显然是不能胜任的。比如,一些县文化单位业务骨干严重匮乏,专业人才青黄不接,导致文艺创作仍然是一个薄弱环节。

因此,需要培养年轻有为的群众文化建设人才,积极推动和实现群众文化活动的工作,并在机制上保证资金、管理运行等基本设置的到位,才有可能真正激发我国群众文化建设的活力。

(四)文化队伍建设有待加强

在新媒体时代,推陈出新异常频繁,是属于年轻人的时代。因此,在开展群众文化建设的过程中,应该强调对文化队伍建设的重视。他们才是新媒体时代的土著族,对新媒体具有天然的亲近感和熟悉感,这是老一代人无法具备的优势。但是现在的普遍情况是,主导群众文化建设的还多是一群中老年人,尽管他们的人生经验丰富,阅历和资历都比年轻

第八章　新媒体时代的群众文化建设

人更有优势,但是维度在新媒体的语境下略显尴尬。这并非对中老年人的歧视,也不否认的确有一些中老年人的学习能力和学习意愿甚至远超一些年轻人。而且,有些不争气的年轻人天天喊着"躺平",这种消极厌世的态度也无法胜任社会赋予的责任。但是从大体上来讲,在新媒体时代,还是应该多鼓励原来的领导者放权给年轻人,积极培养群众文化建设队伍的接班人。

(五)培训机制需进一步完善

相对于人民群众日益增长的多层次、多样化的精神文化需求,在开展群众文化活动时,应该同时进行必要的培训机制建设,使广大群众能够适应新媒体时代的文化环境特点,从而更加有效地参加群众文化活动。在安排活动内容方面,应尽量增加新鲜的、具有时代特点的文化活动,逐渐取代原来陈旧的活动,并且鼓励老年人、青少年积极组成互相帮助的小组,通过身边的年轻人向老年人教授新媒体的操作技能,从而提高老年人群的群众活动参与能力。同时邀请老年人将传统的习俗技艺传授给年轻人。

因此,社区应该提供更多的展示、交流和学习的机会,扶持和培育社区文体团队,帮助提高自身的业务水平,打造社区文化特色品牌。

第三节　新媒体时代群众文化建设的开展

在社会经济水平迅速发展的推动下,人们的生活水平和思想发展也越来越快,对于新文化和新事物有越来越高的追求,也为文化馆进行文化活动创新提供了推动力。文化馆要全面了解群众的创新文化活动需求,结合新媒体技术创造个性化的群众文化,满足人们对于美好生活和精神文化的追求。

一、新媒体时代群众文化的特征

在开展新媒体时代的群众文化建设工作之前,需要先搞清楚其特点与个性、优势与不足,然后才能更加有效率地开展建设工作。就目前我国的发展情况来看,新媒体时代的群众文化主要具有以下特征。

(一)通俗性

开展群众文化活动的目标是丰富人民群众的精神生活,使广大民众能够接受新思想以及真情感;群众文化工作使命就是要满足群众的精神娱乐需求。因此要正确引导群众的思维,采用广大民众容易接受的方式进行引导。群众文化生活不仅仅具有娱乐、社交、健身、陶冶情操等作用,在新时代背景下,群众文化同时应该具备引领群众精神文化建设的使命。通过通俗的文化活动,让广大群众在精神层面、文化层面都得到更好的体验,从而提高群众整体的生活品质。

(二)先进性

群众文化建设能够运用多种形式使人们思想感情得到健康的表达,有效推进物质文明及精神文明发展;通过展开各种各样的艺术活动,使广大群众获得良好的体验。

在新媒体时代,群众文化还具有先进性的特点。这与当前社会科技的高度发达有关,新媒体技术可以实现很多以往完全无法想象的事情,缩短了地理空间以及时空的距离,能够让身处异地甚至是全球各地的人们,共同参与一场文化活动,这为新时代的群众文化活动提高了便利性和可操作性,也提升了群众的活动体验。

(三)开放性

群众文化工作要具有开放性的思维及社会艺术实践活动经验。现今社会是信息传播的时代,人们获得知识的途径也日渐增多,科学技术的发展使新媒体技术得到广泛应用;群众文化工作应将各类信息、知识、文化进行编辑整合,供给不同年龄、学历、工作的公众享有,使得公众利用"碎片化"的时间和机会去吸收和汲取。

伴随互联网技术的发展,信息传递方式已经由单向结构逐渐向分布式结构趋势发展。数字信息传播使新闻的传播速度迅速提升,以动

第八章 新媒体时代的群众文化建设

动手指的方式即可完成信息资源共享过程。此种模式突破了传统媒体在时间以及空间上的界限。智能手机的广泛应用,使纸质媒体逐渐退出了历史舞台,信息传播出现了扁平化的新趋势;数字式信息技术的发展,使音频及图片等信息能够实现资源合并,并保证了信息传递的完整性。

二、新媒体时代群众文化建设的准备

(一)加强基础群众文化设施建设

在群众文化活动开展中,离不开群众文化设施,这是非常重要的,随着人们的精神生活水平提高,对于群众文化基础设施进行分析,针对人们的需求要满足,在实际工作中,加强社会基础设施的建设,并引进先进的设施,进而来实施群众文化活动。从政府的角度来看,在资金方面,需要加大投入力度,满足群众的需要,丰富群众的精神文化生活。

(二)积极地了解群众文化的需求

随着信息技术不断发展,可充分应用大数据技术,进而在大量的信息中,使得人们将有价值和自己需要的信息挖掘出来。基于此,对于群众文化推广工作来说,也要意识到大数据技术的重要性,并充分地利用,进而在后台数据中,针对群众的各个方面给予充分了解,尤其是浏览内容和收藏内容,进而清楚群众喜欢那些文化内容还有文化需求。从推广部门的角度来看,需要意识到大数据等信息技术的重要性,加大投入力度,通过大数据的运用,在网络平台中,对相关的数据进行筛查,进而针对群众的想法和意见,进行相应的挖掘,根据统计结果来实施推广工作。除此之外,还需要注意的是,要完善群众反馈的意见,积极进行改进,做到有问必答。总而言之,在实施群众文化推广活动时,要根据群众的实际需求,便于群众对文化内容进一步了解,确保群众文化推广工作顺利地实施,使其推广的水平不断提高。

(三)选择合适的新媒体平台工作

新媒体传播速度快,在某种程度上,促进文化更好地传播,加快传播的速度。大多数城市已经逐渐将微信群众文化活动平台构建出来。再加上互联网在乡村的渗透下,逐渐得到普及,进一步推动了群众文化活动的开展。

对于组织群众文化的工作人员来说,他们需要根据具体情况,选择合适的新媒体平台开展工作。比如,有些静态的文化活动更适合网站、微信公众号这一类平台进行宣传和传播,也方便广大群众的学习交流和沟通。而一些动态的文化活动如舞蹈类、手工艺等手作活动、音乐类则适合以短视频平台为基础,将活动的相关内容进行传播和推广,也方便广大群众的观看,从而使活动组织的效率得到提高。

因此,在正式开展群众文化的建设之前,应该做好对平台的调研工作。通过对目前国内外主流新媒体运营情况以及它们各自的特点进行考察,从中选择出更适合自身的某一类新媒体,以及该类别中具有更好公信力和传播力的个别媒体进行重点培养。进而可以在上面进行定期或者是不定期的宣传群众文化活动的工作。在实际宣传过程中,可对视频这种模式进行利用。除此之外,在平台上,还便于群众的探讨,提供自己的建议,使其活动的方案更加健全化,促使群众文化活动顺利地实施。

(四)不断提高文化工作人员的素质

在新媒体时代,为了促使群众文化活动顺利地实施,需要有一批高素质的组织人员,他们不仅自身需要具备过硬的文化修养,而且还需要对所从事的活动具有真正的热情。能够在遇到困难的情况下,仍然有动力不断地进行耕耘和发展。一般地,这些组织工作人员需要具有一定的专业背景,对所从事的工作具有较强的责任心和使命。他们应该具有一定的自驱力,能够主动地开展工作。对其群众文化建设工作而言,尤其在早期,一定是充满挑战的,需要这群工作者能够迎难而上,甚至是披荆斩棘地开创一项非常有意义的文化事业。

另外,在新媒体的大背景下,要求所有工作人员具备对新媒体的胜任力。对新事物充满好奇心,能够主动学习新技术,比如对微信公众号

第八章　新媒体时代的群众文化建设

的运维工作、后台管理工作、内容创作工作以及对用户和粉丝的维护服务工作等,同样地,还需要能拍摄、剪辑短视频,从创意的确定,主题的甄选,脚本的完成,以及镜头的掌握、审美的把控等,都能够轻松胜任。只有这样,才能够将群众文化建设工作做好。在竞争激烈的市场环境下脱颖而出,如果仅仅满足于二流的跟随状态,那么也谈不上是真正的群众文化建设。因此,能够满足以上这些综合能力的人,一定是非常优秀的专业人士,从而才能打造一支有理想、有追求的文化队伍。从文化单位的角度上来看,一定要注重这点,并充分地运用现代化技术,加强信息化的建设,与此同时,在人力资源方面,加大投入力度。

当然,要想紧跟时代的步伐,持续的学习是必不可少的,相应组织应该有意识地开展各种培训活动,采取定期或者不定期的方式培训现有的工作人员,让他们不断地成长。随着技术的发展而不断充实自身,才能具备在新媒体时代背景下建设文化活动的能力。群众文化是受众最大的社会公益性活动,因此影响范围最广。如果能够从源头抓起,那么提升我国群众文化建设工作的质量将成为必然。

三、新媒体背景下群众文化的平台建设

群众文化建设作为社会主义精神文明建设的重要组成部分,需要社会各界人士共同参与与配合。在新媒体时代,这一诉求具备实现的可能。然而,我国群众文化建设还存在一系列具体的问题,这些问题在一定程度上制约着群众文化的发展。随着人们物质需求逐渐得到满足,人们对精神文化的需求愈加高标准,且体现出个性化的趋势。在新媒体时代,信息传播与文娱形式都非常丰富,也为群众文化建设提供了广阔的平台。

(一)活跃群众文化队伍

群众文化发展的主体对象是人民群众,同时承担组织建设工作的也是人民群众。因此,群众文化的发展与建设,永远都离不开群众队伍的支持与参与。在新媒体时代,可以非常方便地进行信息的传播、人员的交流、活动的再现等,因此在新媒体时代,建设群众文化的一个重要渠道

就是通过新媒体平台建设,将更多的群众进行联结,活跃文化生活的气氛,群众文化的建设需要热心且有能力的组织者,当然也需要积极踊跃的参与者,只有这样才能让群众文化活动越办越好,其影响力越来越大。

无论是在城市地区还是在农村地区的群众文化建设中,街道与社区的管理干部是群众文化建设的重点组织与领导力量。以往是通过推荐选拔的方式,选取拥有领导与管理才能的人员,特别是爱好文体娱乐活动的人员。尽管这种方式也很好,但是在新媒体时代,可以让这种组织工作更为高效。而且,由于新媒体的影响力范围更广,这样可以在更大的范围内选拔更合适的人员。

另外,在新媒体时代,舆论引导的作用愈加明显,每一个人都可能成为信息传播者,在新媒体平台上,社会各阶层都是平等对话的,对群众文化活动的参与仅限于社区管理者的组织与群众自身的参与爱好。因此,群众文化队伍壮大的方式在新媒体时代更便捷。此外,社会群众自身的生活水平、收入水平是影响群众文化建设的重要因素。人们在收入稳定、生活闲适的情况下,对文体娱乐活动的参与积极性会大幅度提高,有利于加强群众文化建设。

(二)与传统文化相结合

文化是一定时期社会政治经济发展的反映,是人们社会生活水平的体现,也是人类文明发展的积淀。我国具有悠久的历史,在漫长的历史发展进程中,积累了宝贵的物质文明和精神文明财富。有一些民俗文化虽然得以保留,但是还仅限于当地居民的自发传承,其影响力呈现逐渐衰退的迹象。这一方面是由于长期没有得到足够的重视,缺乏发展的动力;另一方面是因为受限于经济水平和技术水平的发展,然而在新媒体时代这一切都迎刃而解。在我国的传统文化中,尤其一些民俗习俗,长期以来都是广大人民群众重要的文化生活内容。因此,在新媒体时代的群众文化建设工作中,应该有效利用新媒体的优势,努力将传统文化中那些宝贵的文化遗产和资源进行创新式发扬。

在新媒体时代提倡加强传统文化,一方面是出于发扬传统文化的目的;另一方面,在全球化的大背景下,西方的文化活动随之进入我国,并且表现强势,反而我们的本土文化呈现出式微的趋势。比如,近年来青少年热衷于过欧美节日,每年一到西方的圣诞节、情人节、万圣节,就好

第八章　新媒体时代的群众文化建设

像是年轻人的狂欢节一样。不仅如此,年轻人也热衷追捧西方的流行音乐、流行价值观,反而对我国传统的文化节日七夕节、重阳节庆活动的关注甚少,对民族音乐也缺乏热情。长此以往,无论是农村还是城市的群众文化建设都会受到影响。群众文化本质上就是群众生活长期以来养成的风俗习惯,人们对传统文化的忽略是对历史知识与传统娱乐活动的抛弃。在这样的背景下,我们应借助新媒体强大的传播力将原本处于弱势的民俗文化活动推广到更大的范围,让更多人了解、熟悉和喜爱上具有中国文化特色的群众文化活动。比如,现在非常强势的短视频类新媒体形式,可以将原生态的民俗文化活动生动直观地呈现在互联网上,可以让更多的人感受到传统民俗活动的魅力。

总之,借助新媒体平台,对传统文化中优秀的群众文化活动进行传播和宣传,这极大地丰富了群众文化生活的内容和品质。并且,这种承载着一定历史文化底蕴的文体活动,其兴起与举办有利于深化社会群众对传统文化的认知,呼吁民众加大重视与传承力度,有利于助推群众文化的发展与建设。

(三)丰富文体活动传播方式

新媒体时代不同于传统的纸质媒体时代,报纸、电视、广播等传统信息传播方式的承载平台较大,在当前的新媒体时代,掌上媒体的手机终端的便捷性使得人们随时随地了解信息。在群众文化建设中,文体娱乐活动的举办形式多种多样,群众的选择性大为增强。在农村群众文化建设中,可以在广场中添置音响设备等,带动全村人员参加广场舞活动。此外,也可以合理利用多媒体平台,播放类似《中国好舞蹈》与《武林大会》等电视节目,以及历史故事纪录片等影视资源,通过现代人们喜闻乐见的娱乐方式丰富群众文化建设形式,吸引更多的人关注传统,立足现实生活,感悟群众文化的魅力。

(四)逐渐建立专门化平台

1. 组建专门化内容平台

群众文化建设是一项长期的、复杂的工作。应做好长远的规划,确保群众的文化生活有一个稳定的、发展的环境,除了在内容方面的建设之外,打造成熟的线上平台也是非常重要的一个环节。在信息时代,信息是联结一切的重要因素,而新媒体的独特属性决定了未来的群众文化活动的组织,可以不必受限于具体的地理空间,人员的组织也完全可以在线上完成,而且活动的内容也有相当一部分可以在新媒体平台上发展。因此,在建设群众文化活动的时候,应逐步建立起专门的平台。比如,根据群众文化活动的类型,建设戏曲平台、手工艺品平台等。

2. 构建信息化推广平台

对于群众文化推广这项工作来说,还需要结合人们的实际情况。基于此,在新时代背景下,从工作人员的角度来看,在实施群众文化推广这项工作时,不管是内容还是形式,与人们的生活一定要贴近。要充分利用各种媒体平台来推广,比如微信公众号和微博等。但是在实际推广的前期,需要明确好推广的内容,精心编辑文本,并采取灵活化编辑模式,让宣传内容公信力不断提高,进而吸引群众的注意力,与此同时,便于更多人观看。适当对群众进行积极鼓励,可通过留言板的方式,让群众将观看完的想法充分地表达出来。

四、新媒体时代群众文化的内容建设

(一)使群众文化更"接地气"

群众文化内容的建设,应该由群众的需求决定。在新媒体时代背景下,应活跃群众文化的气氛,提升群众文化建设的力度,使文化内容更加贴近群众需求、更加"接地气"。吸取以往那些不够成功的经验教训,摒弃陈旧落后的内容,加大更具凝聚力、更受群众欢迎的文化内容比重,同时还要让群众文化更加地接地气,杜绝脱离实际,或者好高骛远的内容。在新媒体的助力下,努力打造新型的媒体平台,设立地方政府公共平台。可有效运用网络技术,通过开通微信、微博以及一些短视频公共账号,加以宣传推广。

公众号的结构设计及内容选取方面,既要精心又要充满创意。在语

第八章　新媒体时代的群众文化建设

言上和格式上的构思也要具有创意,活泼的基础上又不失去庄严的风格,由此可吸引更多民众访问平台,进而为群众文化的发展出谋献计。

要充分采纳群众建议,注重信息的沟通性、交流性及反馈性;要利用新媒体平台使群众意见及想法向外传播,将群众智慧和文化工作建设进行有机结合。新时代媒体的使用主体为普通民众,广大群众的想法及意见具有一定的针对性、社会实践价值性以及较强的可操作性。这就为开展群众文化活动提供了便利。

(二)使群众文化更具实效性

基于实效性角度审视新媒体技术对公众参与社会活动方式的改变能够发现,新媒体技术使得公众的精神文化诉求得以满足,不过同时也使传统文化无法保持对公众的吸引力。鉴于此,应辩证地分析新媒体技术对群众精神文化活动的影响,从而实现对其中正面效用的发扬及对负面效应的摒弃。

(三)使群众文化更具挑战性

新媒体对传统群众文化活动的开展也会造成很大的冲击。新媒体技术依托信息技术创设而来,其由视频、音频、图片等形式实现使用者之间的高效信息传递与互动,从新媒体的交互性与及时性的特点分析,且不受时间与空间的限制,这对于传统的群众文化活动来说,是一个巨大的挑战。新媒体传播方式和表现形式的快捷多样,使得广大群众可以随时随地获得自己想要的信息,使其对群众文化活动的关注度与参与度下降。新媒体在媒体使用与内容选择上更具个性化,可以做到面向更加细分的受众,而传统群众文化活动由于条件的限制,在信息容量与种类上都有着很大的局限性,这是传统群众文化活动所远远不及的。新媒体的互动性和参与性能够充分调动受众群体的积极性,能够让群众在互动体验中获得更加深刻的自我满足感,新媒体在信息的种类与容量上都具有极大的优势,可以充分满足受众对于多种多样文化知识与信息的需求,这也是很多群众更愿意通过电脑或者手机进行文化信息的浏览与阅读,而对于参加群众文化活动却没有太大兴趣的原因。这也使得群众文化的积极性降低,增加群众文化活动开展的难度。

值得注意的是,新媒体中还存在许多不良信息,如虚假信息与网络诈骗等,也会存在一些造谣生事、煽动群众、诋毁社会形象的恶意信息,这些也都会给群众文化活动的开展造成一定的阻力。

(四)使群众文化充满可能性

事物往往都具有双面性,新媒体技术的普及应用为群众文化活动提供了全新的发展契机。从某种程度上来说,新媒体同样丰富了群众文化活动的内容形式,使得群众文化活动拓展,实现了对传统群众文化活动传播的模式与内容方面的创新,尤其是新媒体技术以其高速的信息传播性及受众的广泛性,使得群众文化的传播获得全新的传播介质,为群众提供了实现线上文化高效互动的契机,给传统群众文化的变革带来了更多的可能性。新媒体在传播群众文化活动的同时,本身也必将成为群众文化活动的一部分,使群众文化活动开展突破空间与时间限制,可以在更广阔的平台上施展,使得群众文化的交流学习更为便捷。新媒体提供了多元文化的对接交流平台,使各个地区、风格迥异的群众文化活动交流不再受到时间、空间的限制,为群众文化活动的开展提供了一个便捷的互动交流平台;另外,新媒体具有的个性化特征,可以通过互动更好地了解每一个受众的文化喜好与心理倾向,使新媒体信息能够更好地针对群众的个体需求,提供更加个性化的服务,使群众文化活动更具有吸引力。

当今社会,以网络新媒体为代表的网络信息技术快速发展,已经日益深入社会各领域,成为各种思想文化交流、交融、交锋的新阵地。党的十八大报告明确提出"加强和改进网络内容建设,唱响网上主旋律"的部署要求,也对新媒体环境下的基层群众文化建设提出了新要求。为此,应科学把握新媒体发展的新形势、新特点,充分认识新媒体环境下群众文化工作的着力点,对于提升群众文化针对性和实效性,增强吸引力和感染力,具有重要意义。

(五)使群众文化内容更具丰富性

在当今社会,随着网络技术不断发展,也逐渐地渗透到生活和工作中来,成为人们工作和生活中的一部分。其中在新媒体中,含有有用的

第八章　新媒体时代的群众文化建设

信息,而且还非常多,一定程度上,将新的理念提供给群众文化活动开展的模式,在实施群众文化活动过程中,可对新媒体这一丰富的资源充分地利用。进而在活动的项目和文化信息方面,使其更加地丰富化。比如:在群众文化活动中,可开展相关的大赛,并通过对新媒体的使用,丰富群众的娱乐方式,还可通过借助电视和网络,使群众更好地认知文化建设,不断提高群众的认知水平,并结合群众的爱好,组织实施文化活动,进而加强文化建设。

参考文献

[1]闻静.现代群众文化策划工作实务[M].北京:中国纺织出版社,2021.

[2]谢桂领,许珏芳,何立营.文化工作与群众文化建设研究[M].长春:吉林人民出版社,2020.

[3]胡玉.冰心在玉壶 群众文化理论研究成果采撷[M].长春:吉林人民出版社,2021.

[4]杜染.群众文化的现代化[M].北京:华龄出版社,2018.

[5]沈晓近.新媒体时代下的群众文化建设与发展研究——评《群众文化的现代化》[J].中国党政干部论坛,2021(03):99.

[6]王辉,陈亮.新媒体时代群众文化[M].沈阳:东北大学出版社,2017.

[7]李群.如何在新媒体时代环境下推广群众文化工作[J].大众文艺,2021(15):6-7.

[8]钟敬文.民间文化讲演集 中国首届民间文化高级研讨班[M].南宁:广西民族出版社,1998.

[9]高有鹏.中国庙会文化[M].上海:上海文艺出版社,1999.

[10]马书田.华夏诸神[M].北京:北京燕山出版社,1999.

[11]黄丽.新时期群众文化研究[M].银川:宁夏人民出版社,2014.

[12]周爱宝.群众文化基础知识[M].北京:高等教育出版社,2004.

[13]王蓓.群众文化的基本现状及发展研究[J].大众文艺,2017(18):4-5.

[14]朱红华.新时期群众文化工作的现状与发展策略[J].人文天下,2018(04):80-82.

[15]徐月萍,张建琴.乡村振兴背景下乡村群众文化阵地建设[M].南昌:江西高校出版社,2019.

参考文献

[16]张意.浅析城市群众文化工作创新[J].科技视界,2017(33):195,202.

[17]王栋.城市群众文化传播相关思考[J].文化创新比较研究,2017,1(34):37,39.

[18]银联英.新时代巩固和拓展乡村群众文化阵地的思考[J].农村经济与科技,2021,32(12):229-231.

[19]尤洪军.乡村振兴背景下的基层群众文化建设策略[J].文化产业,2022(02):133-135.

[20]张勇.浅析企业群众文化的发展与作用[J].改革与开放,2017(10):122,125.

[21]赵晋康.加强基层企业群众文化建设的有效途径[J].机械管理开发,2005(02):98-99.

[22]陆扬.大众文化理论 修订版[M].上海:复旦大学出版社,2008.

[23]王燕.当前我国人民群众文化需要问题与对策研究[M].北京:中国商业出版社,2018.

[24]李雷鸣.群众文化理论与实务[M].北京:现代出版社,2019.

[25]萧红梅.新时代开展群众文化活动的路径探索[J].文化创新比较研究,2022,6(18):25-28.

[26]贾伶俐.新时期开展农村群众文化活动的创新性研究[J].农家参谋,2022(10):7-9.

[27]李季.新时期群众文化活动开展的策略探讨[J].大众文艺,2021(18):14-15.

[28]徐娟梅,张红英.文化大发展背景下的宁夏群众文化[M].银川:宁夏人民出版社,2013.

[29]王辉,陈亮.新媒体时代群众文化[M].沈阳:东北大学出版社,2017.

[30]石振怀.群众文化工作实务[M].北京:北京师范大学出版社,2013.

[31]金天麟.群众文化民俗学研究[M].哈尔滨:黑龙江人民出版社,2004.

[32]陈威.公共文化服务体系研究[M].深圳:深圳报业集团出版社,2006.

[33]沈怡琦.文化生产视角下中国群众文化体制研究[D].上海社会科学院,2019.

[34]李景源,陈威.中国公共文化服务发展报告(2007)[M].北京:社会科学文献出版社,2007.